Tabuada

Atividades com as quatro operações

volume **4**

CB053068

1ª edição

EIII Moderna

Obra coletiva concebida, desenvolvida
e produzida pela Editora Moderna.
© Editora Moderna 2006

≡III Moderna

Coordenação editorial: Virginia Aoki
Edição de texto: Jefferson dos Santos Cevada, Mara Regina Garcia Gay,
Maria Elena Roman de Oliveira Toledo
Preparação de texto: Maria Aiko Nishijima
Coordenação de *design* e projetos visuais: Sandra Botelho de Carvalho Homma
Projeto gráfico: Everson de Paula
Imagens da capa: Paulo Manzi
Coordenação de produção gráfica: André Monteiro,
Maria de Lourdes Rodrigues
Coordenação de revisão: Estevam Vieira Lédo Jr.
Revisão: Ana Cortazzo, Ana Tavares, Elaine Cristina del Nero,
Estevam Vieira Lédo Jr., Fernanda Marcelino, Solange Scattolini
Edição de arte: Cristiane Alfano
Ilustrações: Ari Nicolosi, Paulo Manzi, Rogério Borges
Assistência de produção: Cristina S. Uetake
Editoração eletrônica: EXATA Editoração
Coordenação de pesquisa iconográfica: Ana Lucia Soares
Pesquisa iconográfica: Maiti Salla
Coordenação de tratamento de imagens: Américo Jesus
Tratamento de imagem: Fábio N. Precendo
Saída de filmes: Helio P. de Souza Filho, Marcio Hideyuki Kamoto
Coordenação de produção industrial: Wilson Aparecido Troque
Impressão e acabamento: Log & Print Gráfica e Logística S.A.
                Lote: 752378
                Código: 12052109

SUMÁRIO

ISBN 85-16-05210-9 (LA)
ISBN 85-16-05211-7 (LP)

EDITORA MODERNA LTDA.
Rua Padre Adelino, 758 - Belenzinho
São Paulo - SP - Brasil - CEP 03303-904
Vendas e Atendimento: Tel. (0_ _11) 2790-1500
Fax (0_ _11) 2790-1501
www.moderna.com.br
2022
Impresso no Brasil   R.O.

A tabuada de adição

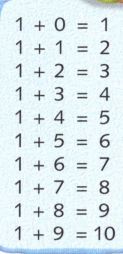

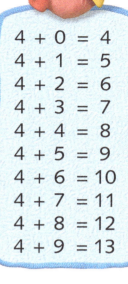

1 + 0 = 1
1 + 1 = 2
1 + 2 = 3
1 + 3 = 4
1 + 4 = 5
1 + 5 = 6
1 + 6 = 7
1 + 7 = 8
1 + 8 = 9
1 + 9 = 10

2 + 0 = 2
2 + 1 = 3
2 + 2 = 4
2 + 3 = 5
2 + 4 = 6
2 + 5 = 7
2 + 6 = 8
2 + 7 = 9
2 + 8 = 10
2 + 9 = 11

3 + 0 = 3
3 + 1 = 4
3 + 2 = 5
3 + 3 = 6
3 + 4 = 7
3 + 5 = 8
3 + 6 = 9
3 + 7 = 10
3 + 8 = 11
3 + 9 = 12

4 + 0 = 4
4 + 1 = 5
4 + 2 = 6
4 + 3 = 7
4 + 4 = 8
4 + 5 = 9
4 + 6 = 10
4 + 7 = 11
4 + 8 = 12
4 + 9 = 13

5 + 0 = 5
5 + 1 = 6
5 + 2 = 7
5 + 3 = 8
5 + 4 = 9
5 + 5 = 10
5 + 6 = 11
5 + 7 = 12
5 + 8 = 13
5 + 9 = 14

6 + 0 = 6
6 + 1 = 7
6 + 2 = 8
6 + 3 = 9
6 + 4 = 10
6 + 5 = 11
6 + 6 = 12
6 + 7 = 13
6 + 8 = 14
6 + 9 = 15

7 + 0 = 7
7 + 1 = 8
7 + 2 = 9
7 + 3 = 10
7 + 4 = 11
7 + 5 = 12
7 + 6 = 13
7 + 7 = 14
7 + 8 = 15
7 + 9 = 16

8 + 0 = 8
8 + 1 = 9
8 + 2 = 10
8 + 3 = 11
8 + 4 = 12
8 + 5 = 13
8 + 6 = 14
8 + 7 = 15
8 + 8 = 16
8 + 9 = 17

9 + 0 = 9
9 + 1 = 10
9 + 2 = 11
9 + 3 = 12
9 + 4 = 13
9 + 5 = 14
9 + 6 = 15
9 + 7 = 16
9 + 8 = 17
9 + 9 = 18

Operações de adição

1 Calcule o resultado das adições.

```
    3  4        5  7        6  1        2  1
  + 2  5      + 2  1      + 3  4      + 3  4
  ───────     ───────     ───────   + 3  2
    5  9      ┌─────┐     ┌─────┐     ───────
             └─────┘     └─────┘     ┌─────┐
                                     └─────┘
```

2 Complete e calcule.

16 + 27	35 + 45	28 + 39	49 + 16
1 6 + 2 7 ───── 4 3	+ _____	+ _____	+ _____
64 + 26 + 3	46 + 24	50 + 25 + 6	27 + 13
+ _____	+ _____	+ _____	+ _____

3 Em seu caderno, agrupe com parênteses as parcelas que resultam em 100, 200 ou 300 e calcule. Observe o exemplo.

38 + 45 + 62 + 55
⇓
(38 + 62) + (45 + 55)
100 + 100
200

- 28 + 172 + 35 + 65)

- 72 + 128 + 115 + 85

- 227 + 189 + 73 + 111

- 168 + 117 + 132 + 183

4 Observe e complete.

```
   49 + 23           58 + 69              67 + 46              86 + 39
   /   /\            /   /\              /   /\               /   /\
 49 + 1 + 22       58 + 2 + ____     ____ + ____ + ____    ____ + ____ + ____
   \   /             \   /              \   /                \   /
   50 + 22          ____ + ____       ____ + ____          ____ + ____
    \  /              \  /               \  /                 \  /
     72               ____               ____                 ____
```

4

5 Dê uma de detetive e complete os números que estão faltando.

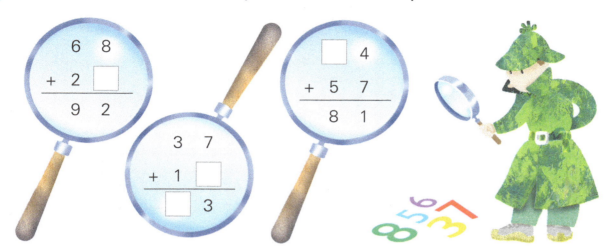

```
  6 8
+ 2 □
─────
  9 2
```

```
  3 7
+ 1 □
─────
□   3
```

```
□   4
+ 5 7
─────
  8 1
```

6 Observe e calcule.

①① 3 8 7 + 2 4 5 ─── 6 3 2	○○ 4 6 5 + 3 7 8 ───	○○ 5 4 7 + 2 9 3 ───	○○ 7 6 5 + 1 4 8 ───
○○ 2 3 7 3 0 9 + 3 9 4 ───	○○ 6 8 7 + 2 5 7 ───	○○ 1 3 2 4 5 4 + 2 1 8 ───	○○ 4 9 7 + 3 7 6 ───

Investigue

A parcela que está faltando é par ou ímpar?

Cada uma das adições abaixo tem oculta uma das parcelas.
Verifique se a parcela que está faltando é par ou ímpar, e complete cada adição.

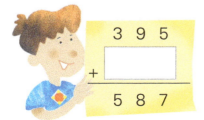

```
  3 9 5
+ □
─────
  5 8 7
```

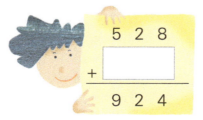

```
  5 2 8
+ □
─────
  9 2 4
```

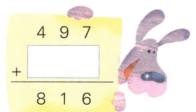

```
  4 9 7
+ □
─────
  8 1 6
```

7 Leia e calcule.

Veja como fiz a primeira adição e proceda da mesma maneira nas outras duas adições.

198 = 200 − 2	196 = 200 − 4	295 = 300 − ____
297 = 300 − 3	298 = _____ − ____	397 = _____ − ____
+ 396 = + 400 − 4	+ 399 = + _____ − ____	+ 498 = + _____ − ____
900 − 9	_____ − ____	_____ − ____
A soma é 891.	A soma é _____ .	A soma é _____ .

8 Escreva, em cada caso, o número que está faltando.

- 1.568 = 1.000 + 500 + 60 + _____

- 2.419 = 2.000 + _____ + 10 + 9

- 3.196 = _____ + 100 + 90 + 6

- 4.529 = 4.000 + _____ + 20 + 9

- 2.783 = 2.000 + 700 + _____ + 3

- 6.245 = 6.000 + _____ + 40 + 5

- 7.649 = _____ + 600 + 40 + 9

- 8.126 = 8.000 + 100 + 20 + _____

9 Calcule.

1. 3 7 8	4. 2 6 5	7. 0 2 6	8. 7 6 9
2 6 9	3. 5 8 7	2 6 8	4. 9 8 4
+ 5. 7 9 8	+ 2 6 9	+ 4 5 7	+ 5. 7 6 3
_____	_____	_____	_____

10 Complete e calcule.

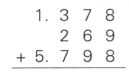 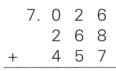

8.690 + 38 + 467	396 + 1.875 + 64	5.798 + 548 + 7
8. 6 9 0		
3 8		
+ 4 6 7		
_____	_____	_____

11 Escreva os números que estão faltando nas adições.

	3 . ☐ 5 6		1 ☐ . 8 5 2		7 7 . 4 ☐ 6
+	1 . 8 7 ☐	+ 3	2 . ☐ 6 2	+ 1	2 . ☐ 6 8
	5 . 3 3 2		5 2 . 4 1 4		9 0 . 0 2 4

	2 1 . 4 ☐ 8		1 1 . 2 ☐ 8		5 ☐ . 1 2 3
+ 2	☐ . 5 6 4	+ 1	☐ . 3 2 5	+ 2	3 . 6 5 ☐
	4 5 . 0 4 2		2 7 . 5 8 3		7 8 . 7 8 1

	1 . 2 ☐ 4		2 5 . ☐ 7 9		3 . ☐ 2 5
+	3 . ☐ 6 4	+ 3	4 . 5 ☐ 1	+	7 . 4 8 ☐
	4 . 8 1 8		6 0 . 4 4 0		1 0 . 6 1 0

	☐ 4 . 6 3 2		2 ☐ . 0 0 0		☐ . 4 5 8
+	3 . ☐ 2 5	+ 1	4 . 5 6 ☐	+	9 . 8 ☐ 2
	1 7 . 8 5 7		3 5 . 5 6 2		1 6 . 3 1 0

12 Calcule o resultado das adições.

1 3 . 8 7 0	1 7 . 6 3 3	1 2 . 1 2 5	9 . 8 7 6
+ 1 . 5 7 9	+ 2 . 1 4 5	+ 1 2 . 1 2 5	+ 5 . 1 2 4

1 2 . 4 3 9	1 3 . 1 2 3	7 . 6 0 2
+ 3 . 1 4 7	+ 1 1 . 4 9 7	+ 6 . 9 8 7

- Agora pinte o quadro das adições cujo resultado é menor do que 15.786.

7

13 Calcule o resultado das adições e ligue-as com o resultado correto.

```
    1 . 9  7  3
 +      4  8  5
 ┌─────────────┐
 │             │
 └─────────────┘
```

```
  1  7 . 0  1  0
 +    1 . 5  8  9
 ┌─────────────┐
 │             │
 └─────────────┘
```

```
  2  3 . 1  2  1
 +    4 . 9  3  7
 ┌─────────────┐
 │             │
 └─────────────┘
```

```
  3  0 . 0  5  0
 +  1 0 . 0  5  0
 ┌─────────────┐
 │             │
 └─────────────┘
```

(18.599)

(40.100)

(28.058)

(18.080)

(2.458)

(70.600)

(79.778)

(56.737)

```
   5  6 . 6  7  8
 + 2  3 . 1  0  0
 ┌─────────────┐
 │             │
 └─────────────┘
```

```
   5  0 . 5  0  0
 + 2  0 . 1  0  0
 ┌─────────────┐
 │             │
 └─────────────┘
```

```
    8 . 7  8  0
 +  9 . 3  0  0
 ┌─────────────┐
 │             │
 └─────────────┘
```

```
   2  4 . 9  4  2
 + 3  1 . 7  9  5
 ┌─────────────┐
 │             │
 └─────────────┘
```

14 Complete as sequências.

(10.000) ▶ (20.000) ▶ (   ) ▶ (   ) ▶ (   )

(20.000) ▶ (25.000) ▶ (   ) ▶ (   ) ▶ (   )

Cálculo mental

Adicionar milhares, centenas, dezenas e unidades

$3.000 + 4 = 3.004$ $2.000 + 30 = 2.030$ $5.000 + 600 = 5.600$

2.000 + 9	3.000 + 90	4.000 + 200
4.000 + 8	5.000 + 20	8.000 + 500
7.000 + 6	6.000 + 30	9.000 + 400

5.000 + 60 + 7	7.000 + 400 + 50 + 1
9.000 + 200 + 3	8.000 + 900 + 70 + 2

Como calcular adições com uma parcela que se repete

Observe duas formas de fazer a adição 6 + 25 + 25 + 25 com a calculadora.

- Você pode teclar todas as parcelas e os sinais como em qualquer adição.

6 + 25 + 25 + 25 ▶ Tecle $\boxed{ON}$ $\boxed{6}$ $\boxed{+}$ $\boxed{2}$ $\boxed{5}$ $\boxed{+}$ $\boxed{2}$ $\boxed{5}$ $\boxed{+}$ $\boxed{2}$ $\boxed{5}$ $\boxed{=}$

No visor aparecerá $\boxed{81}$

- Como a parcela 25 se repete várias vezes, você pode fazer essa adição com maior rapidez desta forma:

6 + 25 + 25 + 25 ▶ Tecle $\boxed{ON}$ $\boxed{6}$ $\boxed{+}$ $\boxed{2}$ $\boxed{5}$ $\boxed{=}$ $\boxed{=}$ $\boxed{=}$

No visor aparecerá $\boxed{81}$

> Observe que teclamos o sinal de "igual" três vezes, pois este é o número de vezes que aparece a parcela 25.

▶ Calcule com a sua calculadora, como preferir.

20 + 14 + 14 + 14	75 + 29 + 29 + 29 + 29
82 + 64 + 64 + 64	194 + 52 + 52 + 52 + 52
495 + 37 + 37 + 37	61 + 43 + 43 + 43 + 43 + 43
76 + 281 + 281 + 281	302 + 85 + 85 + 85 + 85 + 85

▶ Em cada caso escreva a adição correspondente e o resultado de cada uma.

- $\boxed{ON}$ $\boxed{4}$ $\boxed{3}$ $\boxed{+}$ $\boxed{1}$ $\boxed{2}$ $\boxed{=}$ $\boxed{=}$ $\boxed{=}$
- $\boxed{ON}$ $\boxed{8}$ $\boxed{6}$ $\boxed{+}$ $\boxed{7}$ $\boxed{=}$ $\boxed{=}$ $\boxed{=}$ $\boxed{=}$
- $\boxed{ON}$ $\boxed{3}$ $\boxed{9}$ $\boxed{+}$ $\boxed{5}$ $\boxed{0}$ $\boxed{=}$ $\boxed{=}$ $\boxed{=}$ $\boxed{=}$ $\boxed{=}$

▶ Complete as sequências utilizando a calculadora.

Adicione 8 de cada vez.	▶ 246, 254, 262, 270, ____, ____, ____, ____,
Adicione 35 de cada vez.	▶ 460, 495, 530, ____, ____, ____, ____,
Adicione 124 de cada vez.	▶ 739, 863, 987, ____, ____, ____, ____,

Problemas de adição

1 Leia, identifique a operação correta e resolva o problema.

Uma galeria de arte comprou 35 gravuras de paisagens, 43 gravuras de pessoas e 29 aquarelas. Quantas gravuras comprou no total?

$$\begin{array}{r} 4\ 3 \\ +\ 2\ 9 \\ \hline \end{array}$$

$$\begin{array}{r} 3\ 5 \\ +\ 4\ 3 \\ \hline \end{array}$$

$$\begin{array}{r} 3\ 5 \\ +\ 2\ 9 \\ \hline \end{array}$$

Resposta ▶ _____

• Agora, assinale com um X o dado que você não utilizou para resolver o problema.

| 35 gravuras | 43 gravuras | 29 aquarelas |

2 Leia e responda.

Em um acampamento há 32 monitores, 135 meninos e 43 meninas a mais do que meninos. Quantas meninas há no acampamento?

$$\begin{array}{r} 1\ 3\ 5 \\ +\quad 3\ 2 \\ \hline 1\ 6\ 7 \end{array}$$

• Esse problema pode ser resolvido por meio de uma adição? _____

• A adição ao lado resolveu o problema? Por quê?

_____

_____

• Agora, resolva o problema corretamente em seu caderno.

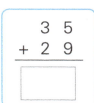

Resposta ▶ _____

Cálculo mental

3.725 + 99

3.725 + 100 − 1

3.825 − 1

3.824

Para adicionar 99, adicione 100 e subtraia 1

358 + 99	2.406 + 99	16.743 + 99
527 + 99	4.835 = 99	38.295 + 99
619 + 99	8.591 + 99	51.680 + 99
874 + 99	9.270 + 99	79.354 + 99

Encontre a regra para adicionar 999. Depois, repita o cálculo mental anterior substituindo 99 por 999.

3 Observe o preço de cada objeto.

R$ 48,99 — Bola
R$ 65,90 — Skate
R$ 33,90 — Bumerangue
R$ 76,90 — Boliche

- Agora complete a tabela.

Primeiro faça todas as estimativas. Por último faça os cálculos exatos.

	Estimativa	Cálculo exato
Bola + Bumerangue		
Bola + Boliche		
Boliche + Skate		
Skate + Bumerangue		

- Suas estimativas ficaram próximas do cálculo exato? _____

4 Resolva.

- Roberto tem 124 figurinhas de animais, 69 figurinhas de plantas a mais do que de animais e 38 figurinhas de monumentos a mais do que de plantas. Quantas figurinhas Roberto tem no total?

Resposta ▶ _____

11

5 Observe o número de livros que há na biblioteca de uma escola.

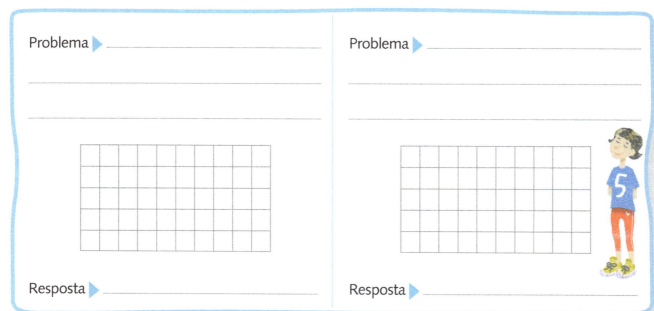

Suspense **145**	Aventura **169**
Romance **34**	Conto **124**

- Agora invente dois problemas que possam ser resolvidos por meio de uma adição e resolva-os.

Problema ▶ _____

_____

_____

Resposta ▶ _____

Problema ▶ _____

_____

_____

Resposta ▶ _____

6 Leia e resolva.

- Em uma competição, 315 meninos se inscreveram. Foram inscritas 43 meninas a mais do que meninos. Quantas meninas participaram da competição?

Resposta ▶ _____

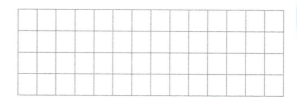

- Em uma pesquisa de opinião, 2.375 pessoas afirmaram preferir as cores claras às cores escuras e 2.576 pessoas preferiram as cores escuras às cores claras. Quantas pessoas foram entrevistadas no total?

Resposta ▶ _____

7 Resolva os problemas e confira as operações com sua calculadora.

- Hoje, depois de se levantar da cama, Lívia demorou 12 minutos para escovar os dentes, 16 minutos para tomar banho, 14 minutos para se vestir e 15 minutos para chegar à escola. Quantos minutos Lívia demorou da hora que levantou da cama até a hora em que chegou à escola?

Resposta ▶ _____

- Em uma competição esportiva estão participando três países. Um país está representado por 96 atletas, outro por 112 e o terceiro por 148 atletas. Quantos atletas representam os três países?

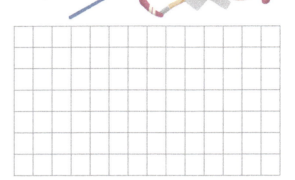

Resposta ▶ _____

- Marcela tem uma coleção de 890 selos, Luísa tem uma de 568 e Gizela uma de 475 selos. Quantos selos têm as três meninas?

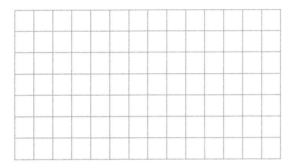

Resposta ▶ _____

- Sérgio tinha R$ 2.450,00 na conta corrente. No fim do mês ele depositou R$ 2.050,00. Hoje ele fez um último depósito de R$ 1.560,00. Qual é o saldo da conta corrente de Sérgio hoje?

Resposta ▶ _____

8 Leia e resolva.

- Para uma campanha de arrecadação de alimentos, foram doadas 2.346 caixas de leite e 1.538 caixas de suco. Quantas caixas foram doadas no total?

Resposta ▶ _____

- Um caminhão entregou 1.349 lajotas no sábado e 4.870 lajotas na segunda-feira. Quantas lajotas entregou no total?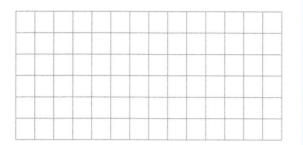

Resposta ▶ _____

- As compras da senhora Márcia no supermercado, correspondentes ao mês de abril, foram de R$ 1.080,00 e as do mês de maio, R$ 1.345,00. Quanto ela gastou nesses dois meses?

Resposta ▶ _____

- Em janeiro, uma família consumiu, 14.120 litros de água. Em fevereiro, essa família consumiu 21.578 litros de água. Quantos litros de água essa família consumiu nesses dois meses?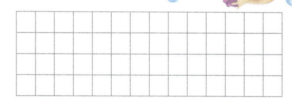

Resposta ▶ _____

Cálculo mental

435 + 298

435 + 300 − 2

735 − 2 = 733

Para adicionar 298 a um número, adicione 300 e subtraia 2

234 + 298	1.250 + 298	12.450 + 298
323 + 298	4.569 + 298	23.487 + 298
569 + 298	6.785 + 298	45.645 + 298

Encontre a regra para somar 397 a um número. Depois, repita o cálculo mental anterior substituindo 298 por 397.

9 Leia e resolva.

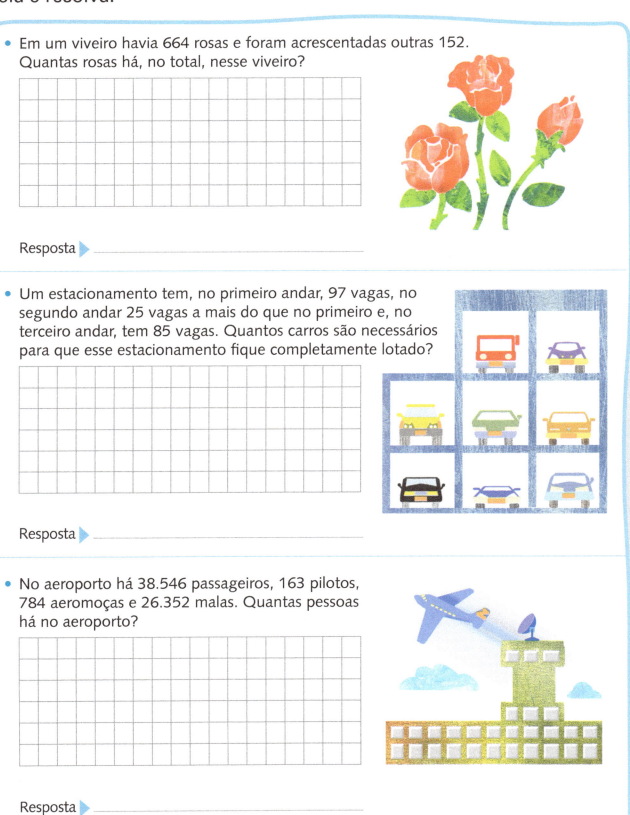

- Em um viveiro havia 664 rosas e foram acrescentadas outras 152. Quantas rosas há, no total, nesse viveiro?

Resposta ▶ _____

- Um estacionamento tem, no primeiro andar, 97 vagas, no segundo andar 25 vagas a mais do que no primeiro e, no terceiro andar, tem 85 vagas. Quantos carros são necessários para que esse estacionamento fique completamente lotado?

Resposta ▶ _____

- No aeroporto há 38.546 passageiros, 163 pilotos, 784 aeromoças e 26.352 malas. Quantas pessoas há no aeroporto?

Resposta ▶ _____

10 Leia o texto.

Fotógrafo e viajante!

GUIDO COZZI/CORBIS-LATINSTOCK

O fotógrafo Rodrigo Santos percorreu, em suas expedições, muitas regiões do planeta. No Polo Sul esteve três vezes. Na primeira vez que esteve lá tirou 6.542 fotos; na segunda vez, 5.123 fotos; e na terceira vez, 2.789. Também viajou para a China duas vezes. Na primeira viagem tirou 2.315 fotos e, na segunda vez, tirou 546 fotos a mais do que na primeira vez. Quando ele esteve na Austrália tirou 2.530 fotos de cangurus e coalas e 1.770 fotos de paisagens. Na Índia ele tirou 3.140 fotos. Rodrigo é um excelente fotógrafo!

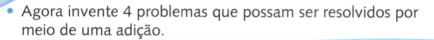

- Agora invente 4 problemas que possam ser resolvidos por meio de uma adição.

Problema ▶ _____

_____

_____

Resposta ▶ _____

Problema ▶ _____

_____

_____

Resposta ▶ _____

Problema ▶ _____

Resposta ▶ _____

Problema ▶ _____

Resposta ▶ _____

11 Observe o número aproximado de habitantes dos cinco países mais populosos da América do Sul em 2005 e resolva os problemas propostos.

Brasil
186.405.000
habitantes

Colômbia
45.600.000
habitantes

Argentina
38.750.000
habitantes

Peru
27.970.000
habitantes

Venezuela
26.749.000
habitantes

- Quantos habitantes têm, juntos, os cinco países?

Resposta ▶ _____

_____

- Qual é o número total de habitantes dos países que têm, cada um, mais de 30.000.000 habitantes?

Resposta ▶ _____

_____

- Qual a população total dos dois países que têm menos habitantes, dentre os apresentados?

Resposta ▶ _____

_____

- Entre quais países há uma diferença aproximada de 7.000.000 habitantes?

Resposta ▶ _____

_____

A tabuada de subtração

1 – 1 = 0	2 – 2 = 0
2 – 1 = 1	3 – 2 = 1
3 – 1 = 2	4 – 2 = 2
4 – 1 = 3	5 – 2 = 3
5 – 1 = 4	6 – 2 = 4
6 – 1 = 5	7 – 2 = 5
7 – 1 = 6	8 – 2 = 6
8 – 1 = 7	9 – 2 = 7
9 – 1 = 8	10 – 2 = 8
10 – 1 = 9	11 – 2 = 9

3 – 3 = 0	4 – 4 = 0	5 – 5 = 0
4 – 3 = 1	5 – 4 = 1	6 – 5 = 1
5 – 3 = 2	6 – 4 = 2	7 – 5 = 2
6 – 3 = 3	7 – 4 = 3	8 – 5 = 3
7 – 3 = 4	8 – 4 = 4	9 – 5 = 4
8 – 3 = 5	9 – 4 = 5	10 – 5 = 5
9 – 3 = 6	10 – 4 = 6	11 – 5 = 6
10 – 3 = 7	11 – 4 = 7	12 – 5 = 7
11 – 3 = 8	12 – 4 = 8	13 – 5 = 8
12 – 3 = 9	13 – 4 = 9	14 – 5 = 9

6 – 6 = 0	7 – 7 = 0	8 – 8 = 0	9 – 9 = 0
7 – 6 = 1	8 – 7 = 1	9 – 8 = 1	10 – 9 = 1
8 – 6 = 2	9 – 7 = 2	10 – 8 = 2	11 – 9 = 2
9 – 6 = 3	10 – 7 = 3	11 – 8 = 3	12 – 9 = 3
10 – 6 = 4	11 – 7 = 4	12 – 8 = 4	13 – 9 = 4
11 – 6 = 5	12 – 7 = 5	13 – 8 = 5	14 – 9 = 5
12 – 6 = 6	13 – 7 = 6	14 – 8 = 6	15 – 9 = 6
13 – 6 = 7	14 – 7 = 7	15 – 8 = 7	16 – 9 = 7
14 – 6 = 8	15 – 7 = 8	16 – 8 = 8	17 – 9 = 8
15 – 6 = 9	16 – 7 = 9	17 – 8 = 9	18 – 9 = 9

Operações de subtração

1 Subtraia.

7 0 − 4 0 3 0	4 3 − 2 1	5 8 − 1 6	4 9 − 2 9
6 7 − 3 6	9 3 − 3 3	7 5 − 7 3	8 9 − 2 0

2 Complete e subtraia.

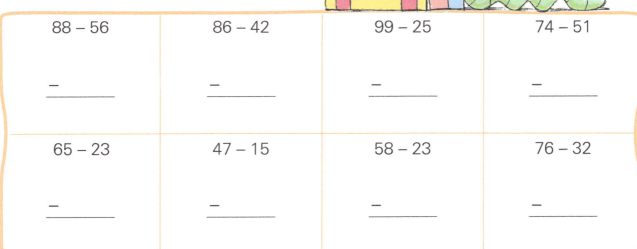

88 − 56	86 − 42	99 − 25	74 − 51
−	−	−	−
65 − 23	47 − 15	58 − 23	76 − 32
−	−	−	−

Cálculo mental

Subtrair dezenas de um número

$$35 - 20 = 15$$
$$3 - 2 = 1$$

$$294 - 30 = 264$$
$$9 - 3 = 6$$

$$507 - 20 = 487$$
$$50 - 2 = 48$$

56 − 30	348 − 10	415 − 30
73 − 60	572 − 50	329 − 50
42 − 10	293 − 80	602 − 60
94 − 50	465 − 40	153 − 80
61 − 40	781 − 60	546 − 70

19

3 Complete e subtraia.

134 − 122	296 − 163	47 − 35	274 − 253
1 3 4 − 1 2 2 ——— 1 2	−	−	−
267 − 144	198 − 67	185 − 100	84 − 43
−	−	−	−

4 Complete e subtraia.

682 − 497	914 − 487	760 − 373	757 − 589
6 8 2 − 4 9 7 ——— 1 8 5			
834 − 645	574 − 396	983 − 697	970 − 783

5 Descubra o segredo de cada sequência. Depois, com a calculadora, encontre os 4 próximos números em cada uma.

200	190	180	170				
400	380	360	340				
500	470	440	410				
600	575	550	525				

20

6 Calcule e pinte cada capacete da cor do carro correspondente.

```
  3.6 4 9        4.6 4 8        3.8 5 8
 −   5 0 2      − 1.1 2 3      − 1.5 5 2
```

```
  1.9 6 0        2.9 9 1
 −   1 2 0      −   3 1 0
```

3.525   2.681   1.840   2.306   3.147

7 Complete cada subtração.

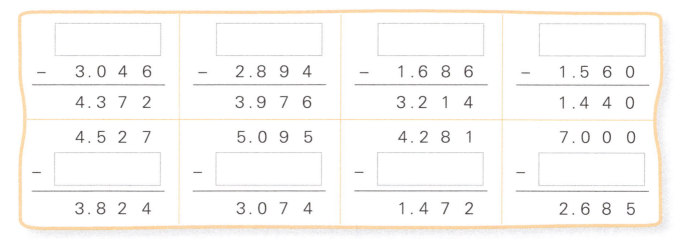

− 3.0 4 6	− 2.8 9 4	− 1.6 8 6	− 1.5 6 0
4.3 7 2	3.9 7 6	3.2 1 4	1.4 4 0
4.5 2 7	5.0 9 5	4.2 8 1	7.0 0 0
−	−	−	−
3.8 2 4	3.0 7 4	1.4 7 2	2.6 8 5

8 Calcule e pinte o formigueiro que tem o maior resultado.

```
 9 9.8 6 7           6 5.9 4 2
−3 4.6 2 4          −5 2.8 3 1
```

21

9 Observe a tabela, calcule e descubra quem tem mais ovelhas tosquiadas.

	Ovelhas no total	Ovelhas sem tosquiar
Luís	8.210	7.524
Sara	14.285	12.917
João	4.521	3.282

–_____   –_____   –_____

Luís ▶ _____   Sara ▶ _____   João ▶ _____

Quem tem mais ovelhas tosquiadas é _____.

10 Calcule e circule.

O resultado é par.

O resultado é ímpar.

```
   5 3.4 5 6
 –   8.6 4 9
 _____
```

```
   4 8.3 2 7
 – 2 6.9 3 8
 _____
```

```
   8 9.5 0 4
 –   7.8 2 6
 _____
```

```
   1 7.3 4 2
 –     8 7 4
 _____
```

11 Complete as sequências de acordo com a indicação.

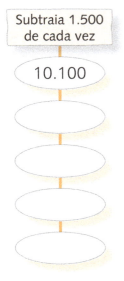

Subtraia 1.500 de cada vez

10.100

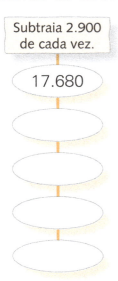

Subtraia 2.900 de cada vez.

17.680

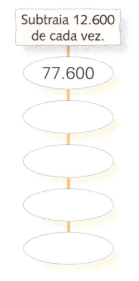

Subtraia 12.600 de cada vez.

77.600

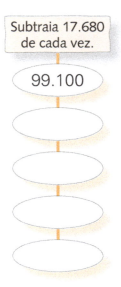

Subtraia 17.680 de cada vez.

99.100

Usar a calculadora para verificar estimativa

- Faça uma estimativa do resultado das subtrações abaixo, arredondando para a centena mais próxima. Depois, faça os cálculos na calculadora e compare os resultados.

	Resultado estimado	Resultado na calculadora
20.708 – 8.496		
60.108 – 9.788		
37.001 – 15.984		
78.432 – 68.490		

Operações realizadas para a estimativa:

_____

_____

- Calcule o número que falta sem usar a calculadora e, depois, comprove com ela se você não cometeu nenhum engano.

63.200 – 58.600 = ☐   17.093 – ☐ = 7.219

9.780 – ☐ = 4.280   49.073 – 37.100 = ☐

27.699 – ☐ = 13.800   12.565 – ☐ = 7.668

77.900 – 57.678 = ☐   4.780 – 2.199 = ☐

19.793 – ☐ = 13.209   ☐ – 25.105 = 20.625

1.534 – 497

1.534 – 500 + 3

1.034 + 3 = 1.037

Para subtrair 497, subtraia 500 e adicione 3

5.689 – 497	19.872 – 497
4.763 – 497	27.275 – 497
6.734 – 497	32.167 – 497
8.914 – 497	42.389 – 497

12 Descubra com uma subtração ou com uma adição o número que falta em cada operação.

- 57 + ☐ = 86
- 38 + ☐ = 110

- ☐ + 76 = 112
- ☐ + 14 = 250

- 34 – ☐ = 19
- ☐ – 67 = 34

13 Em cada caso, escreva duas subtrações e uma adição com os três números dados.

27   73
     100

     300
128   172

243   157
     400

500   263
     237

14 Nas operações abaixo, calcule e descubra o valor de cada desenho.

15 Leia e calcule o valor de cada jogada.

Jaime tira duas bolas do globo.
Se as bolas são da mesma cor, os pontos são somados.
Se as bolas são de cores diferentes, os pontos são subtraídos.

Cálculo de operações combinadas

6 + 4 – 3	7 – 3 + 2 – 4	30 + 20 – 10	400 + 200 – 100
9 – 5 + 4	8 + 5 – 3 – 1	50 – 20 + 30	500 – 200 – 100
8 + 3 – 5	9 – 3 – 4 + 5	70 – 40 + 30	700 – 300 + 200
9 – 4 + 6	8 + 7 – 4 + 6	60 + 30 – 20	800 – 200 + 500

16 Leia.

- Em cada caso, escreva uma adição e duas subtrações com os números dados. Depois, calcule.

53　74　127	179　310　131	1.892　5.360　3.468

17 Calcule fazendo primeiro a operação que está entre parênteses.

345 – (120 – 60)	(2.345 – 826) – 340	640 – (415 + 67)
850 + (340 – 75)	1.643 – (865 – 340)	512 – (78 + 190)

18 Calcule o resultado de cada subtração.

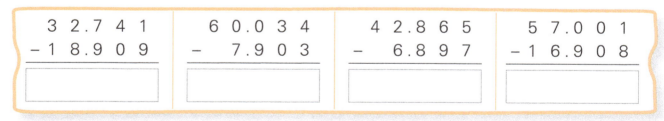

```
  3 2.7 4 1        6 0.0 3 4        4 2.8 6 5        5 7.0 0 1
– 1 8.9 0 9      –     7.9 0 3      –     6.8 9 7      – 1 6.9 0 8
```

19 Calcule e verifique o valor de cada figura.

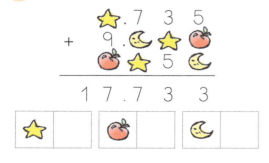

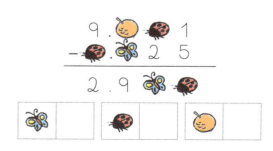

20 Descubra os números que faltam e escreva as operações no caderno.

- 745 + ☐ = 1.234
- 358 – ☐ = 177

- ☐ + 6.785 = 13.542
- ☐ – 3.562 = 5.840

- 589 + ☐ = 2.000
- 1.789 – ☐ = 680

21 Escolha três números de cada quadro e escreva, com eles, uma adição e duas subtrações. Depois, resolva-as em seu caderno.

29	600
671	71

500	78
129	371

22 Indique as subtrações que estão corretas. Depois, corrija em seu caderno os resultados que estão errados.

- 4.523 – 896 = 3.627
- 26.789 – 835 = 25.954
- 2.450 – 1.347 = 1.203

- 17.056 – 8.080 = 8.979
- 985 – 754 = 231
- 40.876 – 1.297 = 39.589

23 Faça a prova de cada subtração, pinte as vasilhas em que há uma subtração correta e corrija as incorretas.

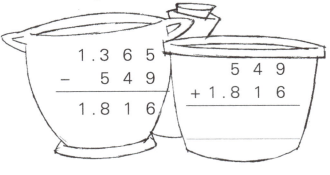

```
  1 . 3 6 5
 –   5 4 9
 _____
  1 . 8 1 6
```

```
    5 4 9
 + 1 . 8 1 6
 _____
```

```
  5 6 . 5 0 6
 – 1 8 . 4 2 5
 _____
  3 8 . 0 8 1
```

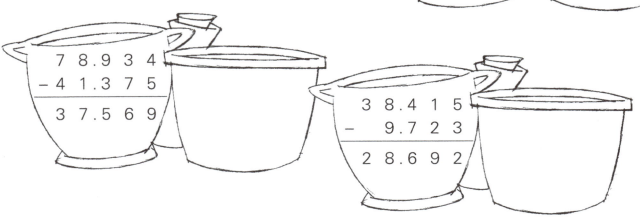

```
  7 8 . 9 3 4
 – 4 1 . 3 7 5
 _____
  3 7 . 5 6 9
```

```
  3 8 . 4 1 5
 –    9 . 7 2 3
 _____
  2 8 . 6 9 2
```

26

24 Complete.

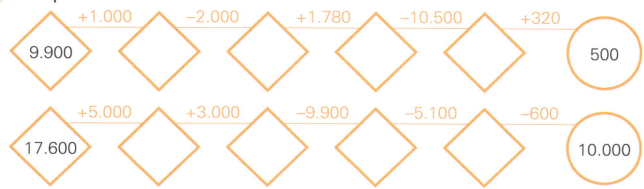

| 9.900 | +1.000 | | −2.000 | | +1.780 | | −10.500 | | +320 | 500 |

25 Em cada caso, calcule o número que falta e escreva a operação no caderno.

29.456 + ☐ = 123.405 | ☐ + 34.009 = 125.000 | 67.820 + ☐ = 123.000
89.007 − ☐ = 62.009 | ☐ − 45.602 = 84.098 | ☐ − 63.208 = 92.000

26 Leia e faça uma estimativa do resultado de cada adição e subtração.

Aproxime os números à centena mais próxima.

- 398 + 489
- 788 − 615
- 2.205 − 1.095
- 4.515 + 3.075

Aproxime os números à milhar mais próxima.

- 2.980 + 3.985
- 13.154 + 12.915
- 4.470 − 3.100
- 24.054 − 13.102

27 Observe e complete a tabela. Depois, assinale a subtração correta.

Subtração	Prova real		
12.520 − 3.450 = 9.070	9.070 + 3.450 = 12.520	~~correta~~	incorreta
4.678 − 2.789 = 1.789		correta	incorreta
56.709 − 2.389 = 54.320		correta	incorreta
43.001 − 12.802 = 31.199		correta	incorreta

28 Faça as estimativas dos resultados das adições e subtrações. Aproxime-os à dezena mais próxima e relacione.

1.349 + 2.003
396 + 1.301

3.350
3.300
1.500
1.700

6.589 − 3.293
1.896 − 399

Problemas de subtração

1 Leia e resolva os problemas.

- Marcela deu 185 saltos seguidos com sua corda, enquanto Pedro deu 142 saltos. Quantos saltos a mais Pedro tem que dar para empatar com Marcela?

Resposta ▶ _____

- Em uma padaria foram feitas 368 baguetes de pão branco e 215 baguetes de pão integral. Quantas baguetes de pão integral foram feitas a menos do que de pão branco?

Resposta ▶ _____

- Um padeiro vendeu 84 kg de pão na segunda-feira e, na terça-feira, 15 kg a menos do que na segunda-feira. Quantos quilos foram vendidos na terça-feira?

Resposta ▶ _____

Cálculo mental

Subtrair 11 e 21 de um número

Para subtrair 11, subtraia 10 e subtraia 1.

$$73 \xrightarrow{-10} 63 \xrightarrow{-1} 62$$
$$\underset{-11}{\longleftarrow}$$

24 – 11	138 – 11
37 – 11	225 – 11
46 – 11	387 – 11
85 – 11	672 – 11

Para subtrair 21, subtraia 20 e subtraia 1.

$$47 \xrightarrow{-20} 27 \xrightarrow{-1} 26$$
$$\underset{-21}{\longleftarrow}$$

28 – 21	176 – 21
34 – 21	225 – 21
67 – 21	468 – 21
93 – 21	789 – 21

2 Leia e resolva os problemas.

- Durante o inverno, Jorge alimenta suas vacas com palha seca. No começo do inverno havia 1.280 fardos de palha no estábulo. Agora restam apenas 564 fardos. Quantos fardos de palha foram consumidos?

Resposta ▶ _____

- A diferença de preço entre dois produtos é de R$ 1.600,00. Se o mais caro custa R$ 8.000,00, quanto custa o outro?

Resposta ▶ _____

3 Primeiro, verifique o dado que está sobrando em cada problema. Depois, resolva-os.

- Em uma banca de jornal há 4.560 revistas, 3.800 gibis e 995 palavras-cruzadas. Quantos gibis há, a menos, do que revistas?

Dado que sobra ▶ _____

Resposta ▶ _____

- Um comerciante comprou, em uma feira de móveis, uma mesa de R$ 980,00, um armário de R$ 1.350,00 e algumas poltronas por R$ 2.250,00. Quanto as poltronas custaram a mais do que a mesa?

Dado que sobra ▶ _____

Resposta ▶ _____

29

4 Calcule e responda.

- Em um restaurante de uma fábrica, são servidos 1.785 almoços de segunda-feira a sexta-feira.

Pergunta 1 ▶ Se em uma segunda-feira 586 operários ganharam uma folga, quantas refeições foram servidas nesse dia?

Resposta ▶ _____

Pergunta 2 ▶ Se em uma quarta-feira 318 operários faltaram ao trabalho por não haver transporte, quantas refeições foram servidas nesse dia?

Resposta ▶ _____

5 Resolva.

No mês de julho, um supermercado gastou R$ 98.490,00 em publicidade e, no mês de agosto, R$ 76.193,00. Quantos reais a menos foram gastos no mês de agosto?

Resposta ▶ _____

Cálculo mental

Subtrair dezenas, centenas e milhares

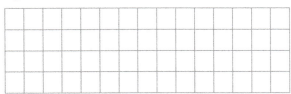

40 − 30 = 10
4 − 3 = 1

500 − 200 = 300
5 − 2 = 3

6.000 − 4.000 = 2.000
6 − 4 = 2

50 − 20	700 − 400	5.000 − 2.000
60 − 30	400 − 300	4.000 − 3.000
70 − 50	600 − 200	7.000 − 5.000
80 − 40	900 − 600	8.000 − 6.000

6 Leia e elabore problemas.

Ontem, Maria recebeu 200 iogurtes, sendo 47 de fruta e 153 naturais.

Problema de adição	**Problema de subtração**	**Problema de subtração**
Problema ▶ _____	Problema ▶ _____	Problema ▶ _____
Resposta ▶ _____	Resposta ▶ _____	Resposta ▶ _____

7 Leia e responda em seu caderno.

Em um colégio foi feito um estudo sobre o café-da-manhã dos alunos de primeira a quarta série. Observe e responda:

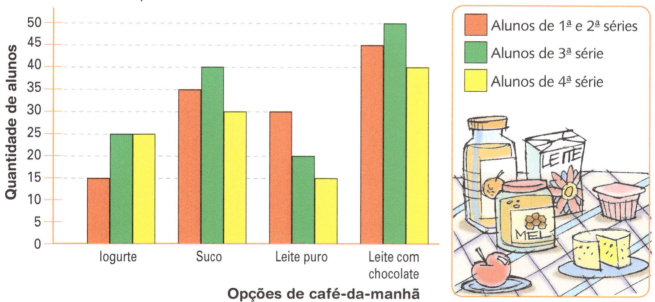

- Quantos alunos tomam iogurte no café-da-manhã? Quantos tomam suco?
- Qual é a bebida que 45 alunos da 1ª e da 2ª séries tomam?
- Quantos alunos da 4ª série tomam algum tipo de leite no café-da-manhã?
- Os alunos da 3ª série tomam mais leite puro ou leite com chocolate? Qual é a diferença entre eles?

8 Leia, identifique o dado que está sobrando e resolva em seu caderno.

• Fernando leva em seu caminhão 145 quilogramas de laranjas, 230 quilogramas de batatas, 185 quilogramas de peras e 89 quilogramas de arroz. Quantos quilogramas de frutas Fernando leva a mais do que de batatas?

Dado que sobra ▶ _____

Resposta ▶ _____

_____

• Raul vendeu em um ano 480 bicicletas de montanha, 390 de corridas, 145 de passeio, 150 motocicletas e 129 patinetes. Quantas bicicletas Raul vendeu a mais do que motocicletas?

Dado que sobra ▶ _____

Resposta ▶ _____

_____

9 Resolva.

• Paulo tinha uma certa quantidade de figurinhas. Depois de dar 36 para sua irmã e 23 para um amigo, ainda lhe restaram 124 figurinhas. Quantas figurinhas Paulo tinha no início?

Resposta ▶ _____

• Um grupo musical vendeu, em determinada semana, 2.322 exemplares de seu último CD, o que corresponde a 425 a mais do que na semana passada. Quantos CDs devem ser vendidos para atingir 5.000 exemplares em duas semanas?

Resposta ▶ _____

32

10 Para cada par de números, invente dois problemas:
um que possa ser resolvido com uma adição e outro,
com uma subtração. Escreva e resolva.

Problema de adição

Dados numéricos ▶ 19.763 e 7.565

Problema ▶ _____

_____

_____

_____

Resposta ▶ _____

Problema de subtração

Dados numéricos ▶ 19.763 e 7.565

Problema ▶ _____

_____

_____

_____

Resposta ▶ _____

Problema de adição

Dados numéricos ▶ 9.900 e 7.850

Problema ▶ _____

_____

_____

_____

Resposta ▶ _____

Problema de subtração

Dados numéricos ▶ 9.900 e 7.850

Problema ▶ _____

_____

_____

_____

Resposta ▶ _____

11 Leia e resolva.

- Um grupo musical lançou no mercado seu novo CD. Na primeira semana foram vendidos 12.546 CDs e, na segunda semana, 3.450 a mais do que na primeira. Quantos CDs foram vendidos nas duas primeiras semanas de seu lançamento?

Resposta ▶ _____

- Mário fará uma estante com as medidas que estão indicadas no desenho. Quanto deve medir a parte de cima da estante?

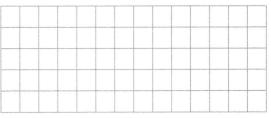

280 cm

? 75 cm

107 cm

Resposta ▶ _____

12 Observe e calcule.

a) Quanto pesam, no total, o elefante e a baleia?

Resposta ▶ _____

_____

b) Quanto pesa a baleia a mais do que o elefante?

Resposta ▶ _____

4.398 kg

184.425 kg

Investigue

Relação entre adição e subtração

140 + 60 = 200 ▶ 200 − 140 = 60 e
200 − 60 = 140

140 + 60 = 200 ▶ 200 − 60 = _____

280 + 20 = 300 ▶ 300 − 20 = _____

320 + 80 = 400 ▶ 400 − 80 = _____

460 + 40 = 500 ▶ 500 − 460 = _____

530 + 70 = 600 ▶ 600 − 530 = _____

650 + 50 = 700 ▶ 700 − 650 = _____

13 Resolva os problemas.

• Uma loja lucrou em janeiro R$ 15.603,00, em fevereiro R$ 12.600,00, em março R$ 7.980,00, em abril R$ 10.600,00 e em maio R$ 11.760,00. Se a meta para o período janeiro-maio era de R$ 60.000,00, quanto faltou para alcançar essa meta?

Resposta ▶ _____

• Cristina coleciona adesivos. Ela tinha 3.454 em março e recebeu de presente mais 129. Com quantos adesivos ficou?

Resposta ▶ _____

Por um descuido ela perdeu alguns e agora lhe restam 2.978. Quantos adesivos ela perdeu?

Resposta ▶ _____

No dia de seu aniversário, Cristina ganhou 580 adesivos de seus avós. Com quantos adesivos ela ficou?

Resposta ▶ _____

14 Leia e calcule por meio de estimativas.

Leia o anúncio e responda às perguntas fazendo estimativas mentalmente.

APARTAMENTOS À VENDA
(a 100 metros do metrô)
• 2 dormitórios: R$ 108.238,00   • 4 dormitórios: R$ 134.991,00
• 3 dormitórios: R$ 123.051,00   • Cada vaga na garagem: R$ 12.026,00

• Qual é, aproximadamente, a diferença de preço entre um apartamento de dois dormitórios e um de três dormitórios?

_____

• Quanto custa, aproximadamente, o apartamento de quatro dormitórios com garagem?

_____

• É uma boa estimativa dizer que um apartamento de 4 dormitórios custa R$ 12.000,00 a mais do que o de 3 dormitórios? Justifique.

_____

35

15 Leia e resolva.

Na tabela aparece o número de homens e de mulheres que havia em uma cidade entre os anos de 1990 e 2000. Consulte a tabela e calcule.

	Homens	Mulheres
1990	187.834	235.135
1995	188.432	238.242
2000	190.134	240.300

• Em 1995, quantos habitantes havia nessa cidade a mais do que em 1990?

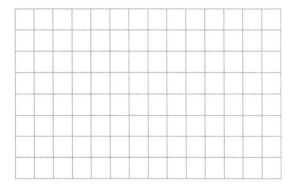

Resposta ▶ _____

• Em quantos habitantes cresceu a população dessa cidade entre 1990 e 2000?

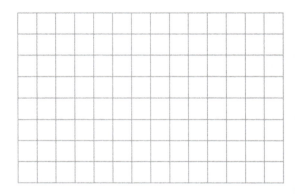

Resposta ▶ _____

• Quantos habitantes faltariam para que no ano 2000 houvesse 500.000 pessoas nessa cidade?

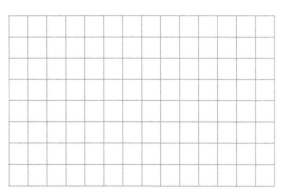

Resposta ▶ _____

• No ano 2000 viviam nessa cidade 35.465 meninas e 34.987 meninos menores de 16 anos. Quantos habitantes maiores de 16 anos havia?

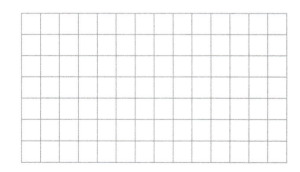

Resposta ▶ _____

A tabuada de multiplicação

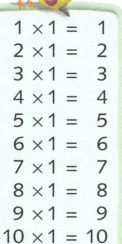

1 × 1 = 1	1 × 2 = 2	1 × 3 = 3	1 × 4 = 4
2 × 1 = 2	2 × 2 = 4	2 × 3 = 6	2 × 4 = 8
3 × 1 = 3	3 × 2 = 6	3 × 3 = 9	3 × 4 = 12
4 × 1 = 4	4 × 2 = 8	4 × 3 = 12	4 × 4 = 16
5 × 1 = 5	5 × 2 = 10	5 × 3 = 15	5 × 4 = 20
6 × 1 = 6	6 × 2 = 12	6 × 3 = 18	6 × 4 = 24
7 × 1 = 7	7 × 2 = 14	7 × 3 = 21	7 × 4 = 28
8 × 1 = 8	8 × 2 = 16	8 × 3 = 24	8 × 4 = 32
9 × 1 = 9	9 × 2 = 18	9 × 3 = 27	9 × 4 = 36
10 × 1 = 10	10 × 2 = 20	10 × 3 = 30	10 × 4 = 40

1 × 5 = 5	1 × 6 = 6	1 × 7 = 7
2 × 5 = 10	2 × 6 = 12	2 × 7 = 14
3 × 5 = 15	3 × 6 = 18	3 × 7 = 21
4 × 5 = 20	4 × 6 = 24	4 × 7 = 28
5 × 5 = 25	5 × 6 = 30	5 × 7 = 35
6 × 5 = 30	6 × 6 = 36	6 × 7 = 42
7 × 5 = 35	7 × 6 = 42	7 × 7 = 49
8 × 5 = 40	8 × 6 = 48	8 × 7 = 56
9 × 5 = 45	9 × 6 = 54	9 × 7 = 63
10 × 5 = 50	10 × 6 = 60	10 × 7 = 70

1 × 8 = 8	1 × 9 = 9	1 × 10 = 10
2 × 8 = 16	2 × 9 = 18	2 × 10 = 20
3 × 8 = 24	3 × 9 = 27	3 × 10 = 30
4 × 8 = 32	4 × 9 = 36	4 × 10 = 40
5 × 8 = 40	5 × 9 = 45	5 × 10 = 50
6 × 8 = 48	6 × 9 = 54	6 × 10 = 60
7 × 8 = 56	7 × 9 = 63	7 × 10 = 70
8 × 8 = 64	8 × 9 = 72	8 × 10 = 80
9 × 8 = 72	9 × 9 = 81	9 × 10 = 90
10 × 8 = 80	10 × 9 = 90	10 × 10 = 100

Operações de multiplicação

1 Descubra o valor do algarismo representado pelo desenho.
Depois, escreva as multiplicações com todos os seus algarismos.

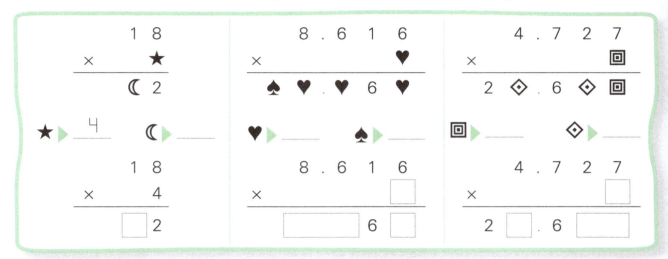

```
        1 8                  8 . 6  1  6              4 . 7  2  7
  ×       ★              ×              ♥         ×              ▣
  ─────────             ─────────────────        ─────────────────
        ☾ 2              ♠  ♥ . ♥  6  ♥            2 ◇ . 6  ◇  ▣

  ★ ▶ __4__    ☾ ▶ ___    ♥ ▶ ___   ♠ ▶ ___      ▣ ▶ ___      ◇ ▶ ___

        1 8                  8 . 6  1  6              4 . 7  2  7
  ×       4              ×          [   ]          ×          [   ]
  ─────────             ─────────────────        ─────────────────
    [  ] 2              [      ]  6 [  ]            2 [ ] . 6 [   ]
```

2 Em uma empresa de transportes cada caminhão consome 2.745 litros de gasolina por mês. Responda às perguntas.

- Quanto consomem dois caminhões?

  Consomem _____ litros.

- Quanto consomem cinco caminhões?

  Consomem _____ litros.

3 Multiplique e pinte cada chave com a cor correspondente.

32.216   40.495   66.528

11.613   18.636   33.590

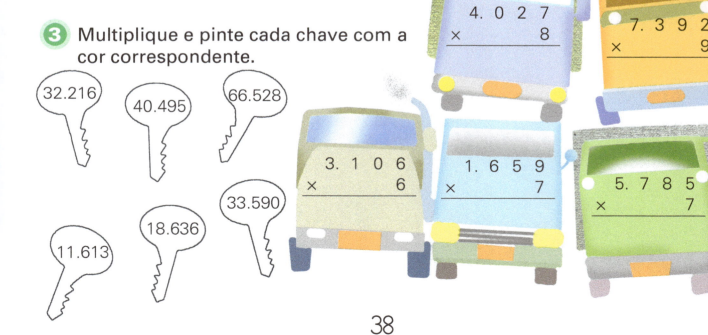

```
6. 7 1 8        4. 0 2 7        7. 3 9 2
×       5       ×       8       ×       9

3. 1 0 6        1. 6 5 9        5. 7 8 5
×       6       ×       7       ×       7
```

4 Calcule o resultado das multiplicações.

3 0 . 9 2 6 × 3	7 8 . 4 3 5 × 6	4 5 . 8 7 6 × 4	6 0 . 0 9 3 × 7

5 Ajude o mágico a escrever o resultado de cada multiplicação.

42   × 20

246   × 30

1.245   × 40

6 Multiplique.

×	43	167	205	280
20	860			
40				
50				

Investigue

Que cartelas Eva pegou?

Eva pegou 3 das 6 cartelas e multiplicou seus números. Obteve, como produto, 60.
Verifique quais três cartelas Eva pode ter pegado.
Encontre todas as soluções.

7 Descubra os algarismos escondidos.

```
  1 . ❀  2  7              ✦ . 4  ❀  7
×         3  ★           ×         ◆  6
───────────────          ─────────────────
  4  2 . 8  1  0           2  0 . 4  4  2
                          6  8 . 1  4
                          ─────────────────
                          8  8 . 5  8  2
```

8 Complete a seguinte tabela fazendo estimativas.

×	318	982	1.794	2.358	6.915
23					
49					
54					
67					

9 Leia e calcule.

O pictograma mostra a quantidade de hambúrgueres que foram vendidos em uma lanchonete nos três primeiros dias de uma semana.

 ⟶ representa 24 hambúrgueres

Segunda-feira	🍔 🍔 🍔 🍔 🍔
Terça-feira	🍔 🍔 🍔 🍔 🍔 🍔 🍔 🍔 🍔
Quarta-feira	🍔 🍔 🍔 🍔 🍔 🍔 🍔 🍔 🍔 🍔 🍔

- Calcule quantos hambúrgueres foram vendidos nesses dias.

Segunda-feira ▶ _____

Terça-feira ▶ _____

Quarta-feira ▶ _____

10 Complete a tabela.

×	147	124	435	279
34				
82				

11 Faça as multiplicações, adicione os algarismos de cada produto e pinte de acordo com a legenda.

 14   23

 13 27

```
  3 2 8
×   2 7
```

```
  2 5 1
×   1 4
```

```
  8 4 1
×   7 1
```

```
2 . 3 1 5
×     1 6
```

12 Pense e explique por que esta multiplicação está mal resolvida.

Nesta multiplicação estão faltando dois algarismos. Além disso, pode-se afirmar que ela está incorreta. Por quê?

```
  1 □ 9
×   3 □
  8 9 5
  5 4 7
6 . 3 6 5
```

13 Multiplique e pinte da mesma cor os espaços que contêm os produtos.

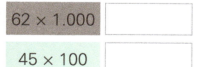

62 × 1.000	
45 × 100	
84 × 10	

25 × 100	
93 × 1.000	
32 × 10	

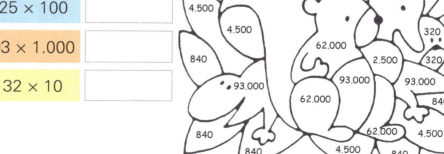

41

Como calcular multiplicações com um fator constante

Observe as várias formas de fazer a multiplicação $4 \times 7 \times 7 \times 7 \times 7$ com a calculadora.

- Você pode teclar todos os fatores e sinais como em qualquer multiplicação.

$4 \times 7 \times 7 \times 7 \times 7$ ▶ Tecle `ON` `4` `×` `7` `×` `7` `×` `7` `×` `7` `=`

No visor aparecerá   `9604`

- Como o fator 7 se repete várias vezes, você pode fazer uma multiplicação com maior rapidez de uma dessas formas, dependendo de como funcione sua calculadora.

$4 \times 7 \times 7 \times 7 \times 7$ ▶ Tecle `ON` `4` `×` `7` `=` `=` `=` `=`

No visor aparecerá   `9604`

> Observe que teclamos o sinal de igual quatro vezes, pois este é o número de vezes que aparece o fator 7.

$4 \times 7 \times 7 \times 7 \times 7$ ▶ Tecle `ON` `7` `×` `4` `=` `=` `=` `=`

No visor aparecerá   `9604`

▶ Verifique como funciona a sua calculadora e calcule.

$6 \times 4 \times 4 \times 4$	$5 \times 12 \times 12 \times 12 \times 12$	$7 \times 54 \times 54 \times 54 \times 54$
$5 \times 8 \times 8 \times 8$	$8 \times 35 \times 35 \times 35$	$125 \times 125 \times 125 \times 14$
$12 \times 6 \times 6 \times 6$	$9 \times 47 \times 47 \times 47 \times 47$	$304 \times 304 \times 304 \times 2$

▶ Em cada caso, use em sua calculadora, as teclas indicadas e escreva a multiplicação que foi realizada.

- Tecle `ON` `12` `×` `8` `=` `=` `=`
- Tecle `ON` `8` `×` `34` `=` `=` `=` `=`
- Tecle `ON` `12` `×` `13` `=` `=` `=` `=`

▶ Complete as seguintes séries utilizando a calculadora.

Multiplique por 6 de cada vez	▶ 128, 768, _____, _____, até 35.831.808
Multiplique por 9 de cada vez	▶ 314, 2.826, _____, _____, até 18.541.386
Multiplique por 12 de cada vez	▶ 456, 5.472, _____, _____, até 9.455.616

14 Relacione cada expressão numérica com a frase correspondente.

14 − 6 − 5	Ao dobro da adição de 7 e 4 subtraia 2.
8 × 5 − (3 + 6)	De 14 subtraia 6 e depois subtraia 5.
2 × (7 + 4) − 2	Ao produto de 8 por 5 subtraia a adição de 3 e 6.
14 − (6 − 5)	De 14 subtraia a diferença de 6 e 5.
2 × 7 + (4 − 2)	Ao dobro de 7 adicione a diferença de 4 e 2.

- Calcule o resultado de cada uma das expressões anteriores.

15 Escreva a expressão numérica que corresponde a cada frase e calcule o resultado.

- De 14 subtraia 8 e adicione 4.
- De 14 subtraia o resultado de 8 mais 4.
- De 24 subtraia o produto de 2 por 6.
- Multiplique 24 por dois e subtraia 6.
- O triplo da diferença de 7 e 5.
- Ao produto de 4 por 3 subtraia o produto de 2 por 5.
- Ao 10 adicione o produto de 3 pela diferença de 9 e 3.

16 Descubra como foram colocadas as cartelas nas casinhas de cada um desses cálculos para que se cumpram as igualdades.

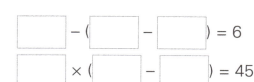

☐ + (☐ + ☐) = 16   ☐ − (☐ − ☐) = 6

☐ × (☐ + ☐) = 60   ☐ × (☐ − ☐) = 45

17 Calcule.

(13 × 27) + 53 − 2	(54 + 173) × 26 − 28	(17 × 14) + (73 − 4) × 26
485 − 27 + 53 × 2 + 84	239 × 4 − 125 × 3 − 92	518 − 12 × 9 + 4 × 29

18 Escreva em seu caderno a expressão numérica correspondente e calcule.

- Do produto de 14 e 2 subtraia a adição de 6 e 14.
- Ao dobro de 8 mais 23 adicione a diferença de 146 e 95
- Da soma de 73 e 178 subtraia a diferença de 114 e 78
- Ao produto de 27 e 14 adicione o produto de 48 e 12.

19 Observe cada expressão numérica e escreva uma frase correspondente.

(2 × 712) + (3 × 54) ▶ _____

Frase correspondente ▶ _____

(3 × 25) − (32 + 15 + 9) ▶ _____

Frase correspondente ▶ _____

20 Calcule em seu caderno.

7 − 3 × 2 + 5 × 3 − 2	9 − 7 + 3 × (8 − 6)
25 + 4 × 3 − 7 + 4	3 × (4 + 5) − (9 − 7) × 2
5 × 3 − 6 × 2 + 3 − 4	(3 + 4) × (7 − 3) + 6

21 Pense e coloque os parênteses necessários para que as seguintes expressões tenham o valor indicado.

- 3 + 4 × 7 − 2 = 47
- 8 × 6 − 2 + 3 = 35
- 9 − 2 × 7 − 3 = 28
- 3 + 4 × 7 − 2 = 35
- 8 × 6 − 2 + 3 = 43

22 Observe e complete.

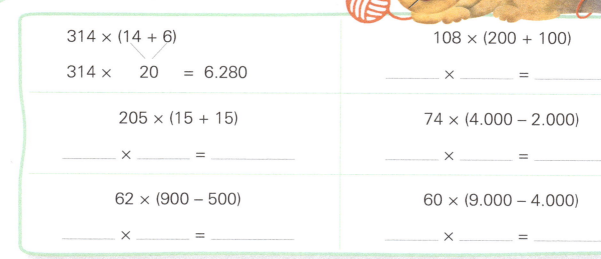

314 × (14 + 6) 314 × ⎵20⎵ = 6.280	108 × (200 + 100) ____ × ____ = ____
205 × (15 + 15) ____ × ____ = ____	74 × (4.000 − 2.000) ____ × ____ = ____
62 × (900 − 500) ____ × ____ = ____	60 × (9.000 − 4.000) ____ × ____ = ____

23 Complete e calcule.

```
  3 . 6  2  4
  4 . 5  6  8
+ [        ]
-------------
  1 2 . 6  0  7
```

```
  [          ]
−  1 2 . 9  7  5
----------------
   3 0 . 7  0  5
```

```
  4 . 2  5  7
          [  ]
×
[ ][ ][ ][ ]  9
[ ][ ][ ]     4
[          ]
```

Investigue

Verifique que sinais são

Verifique e escreva em cada ◯ o sinal correspondente (+, −, ×) para que as igualdades sejam corretas.

(7 ⊕ 4) ⊕ 9 = 20   (2 ◯ 3) ◯ 5 = 25
(8 ◯ 1) ◯ 3 = 21   (9 ◯ 6) ◯ 8 = 24
(6 ◯ 9) ◯ 2 = 30   (4 ◯ 6) ◯ 2 = 48

Vamos usar a calculadora?

Usar a calculadora para descobrir uma regra

- Uma calculadora pode ajudá-lo a encontrar uma determinada regra mais facilmente. Utilize uma calculadora e busque a regra em cada caso.

Adições	Subtrações	Multiplicações

Adições

12.345 + 7.655 = _____

12.345 + 17.655 = _____

12.345 + 27.655 = _____

12.345 + 37.655 = _____

Sem fazer a operação, qual é o resultado da seguinte adição?

12.345 + 57.655 = _____

Subtrações

123 – 79   = _____

1.234 – 790   = _____

12.345 – 7.901   = _____

123.456 – 79.012 = _____

Sem fazer a operação, qual é o resultado da seguinte subtração?

12.345.678 – 7.901.234 =

= _____

Multiplicações

15.873 × 7 × 1 = _____

15.873 × 7 × 2 = _____

15.873 × 7 × 3 = _____

15.873 × 7 × 4 = _____

Sem fazer a operação, qual é o resultado da seguinte multiplicação?

15.873 × 7 × 6 = _____

- Primeiro, faça as seguintes operações mentalmente. Depois, comprove os resultados com a calculadora.

475 + 60	629 – 70	82 × 10	73 × 100
3.891 + 200	2.138 – 400	493 × 20	259 × 300
5.046 + 3.000	7.594 – 5.000	6.147 × 50	986 × 400

- Observe o exemplo e calcule utilizando a calculadora.

Adicione

```
47 + 83
```

	629 – 84	58 × 37
	851 – 437	269 × 45
	3.472 – 59	704 × 92
	5.068 – 296	893 × 176
	9.831 – 742	4.651 × 84

> Lembre-se que o ponto do "mil" não é colocado.

Tecle **ON**	0
Tecle 4	4
Tecle 7	47
Tecle +	47
Tecle 8	8
Tecle 3	83
Tecle =	130

162 + 45

359 + 876

2.781 + 34

4.953 + 168

7.086 + 579

Problemas de multiplicação

1 Leia, calcule mentalmente e responda.

- Carla pinta caixas que têm forma de prisma quadrangular. Ela demora 3 minutos para pintar cada caixa. Quantos minutos ela demorará para pintar 12 caixas?

Resposta ▶ _____

- Elisa resolve, a cada dia, 6 problemas de matemática. Se demora 12 dias para resolver todos os problemas de um livro, quantos problemas tem esse livro?

Resposta ▶ _____

_____

2 Resolva os problemas.

> Cada um destes problemas será resolvido por 2 multiplicações.

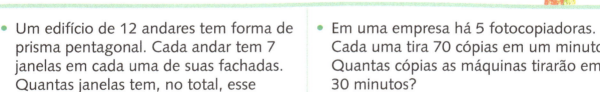

- Um edifício de 12 andares tem forma de prisma pentagonal. Cada andar tem 7 janelas em cada uma de suas fachadas. Quantas janelas tem, no total, esse edifício?

Resposta ▶ _____

_____

- Em uma empresa há 5 fotocopiadoras. Cada uma tira 70 cópias em um minuto. Quantas cópias as máquinas tirarão em 30 minutos?

Resposta ▶ _____

_____

3 Resolva.

- Em um porto, estão 65 barcos. Cada barco descarregou 250 quilogramas de pescado. Quantos quilogramas de pescado foram descarregados nesse porto?

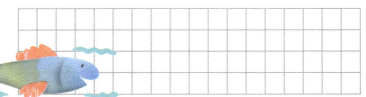

Resposta ▶ _____

_____

- Elvira é caminhoneira e a cada dia percorre 265 km para levar frutas ao mercado. Ela trabalha 296 dias por ano. Quantos quilômetros percorre ao ano com o caminhão dela?

Resposta ▶ _____

_____

- Para regar a horta, Afonso gasta 237 litros de água por dia. Este ano regou a horta 208 dias. Quantos litros de água gastou?

Resposta ▶ _____

_____

4 Leia e resolva.

- Um estádio tem 16 portas. Por cada porta entraram 25 pessoas por minuto. Quantas pessoas entraram no estádio em 45 minutos?

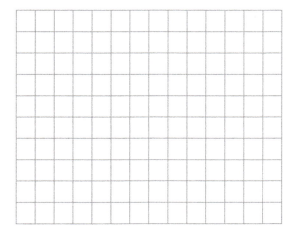

Resposta ▶ _____

_____

- Em uma confeitaria há 123 caixas de 32 bombons cada uma. Quantos bombons há no total?

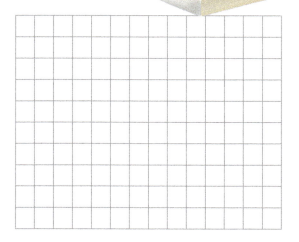

Resposta ▶ _____

_____

- Se uma galinha bota 23 ovos por mês, quantos ovos botará em 3 anos?

Resposta ▶ _____

_____

- Um ciclista treinou durante 15 dias para uma competição. Em cada dia deu 35 voltas em uma pista que mede 500 metros. Quantos metros percorreu no total?

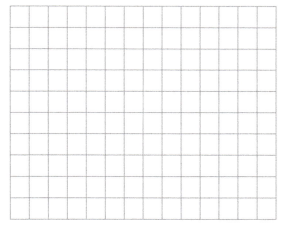

Resposta ▶ _____

_____

5 Leia e resolva.

● Um carro custa 13.280 reais. Quanto custam 38 carros iguais a esse?

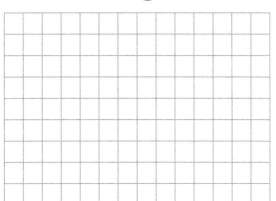

Resposta ▶ _____

● Uma máquina faz 45 peças por minuto. Quantas peças fará em 2 horas e meia?

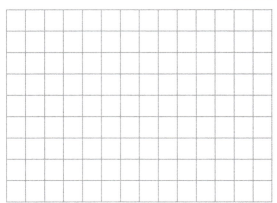

Resposta ▶ _____

● O dono de uma adega recebeu 375 caixas de vinho, de 12 garrafas cada caixa. Quantas garrafas de vinho recebeu? Se cada garrafa for vendida por R$ 15,00, quanto arrecadará?

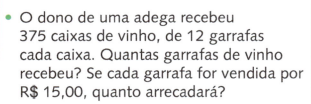

Resposta ▶ _____

● No jardim de Paula há 32 roseiras com 25 rosas em cada uma. Quantas rosas há, no total, nesse jardim?

Resposta ▶ _____

6 Observe o gráfico e leia o texto.

Este gráfico mostra a quantia que entrou no caixa da banca de jornal de Marcelo, a cada dia, durante uma semana.

Na terça-feira chegou a maioria das revistas. No dia seguinte Marcelo pegou gripe e saiu mais cedo. Só voltou a trabalhar no sábado. No domingo foi passear.

Agora, resolva os problemas.

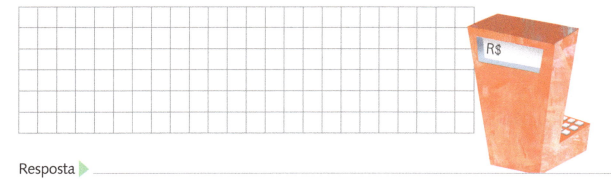

- Quantos reais entraram no caixa nos três primeiros dias da semana?

R$

Resposta ▶ _____

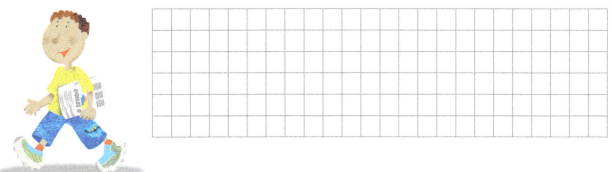

- O filho de Marcelo o ajudou nos dias em que ele teve gripe. Marcelo lhe pagou R$ 18,00 por dia e descontou do que ingressou. Quantos reais restaram para Marcelo, no total, nessa semana?

Resposta ▶ _____

51

7 Leia, elabore e resolva.

Leia atentamente cada problema e escreva uma pergunta que se resolva com as operações indicadas. Depois, resolva-o.

Problema de adição e subtração

- Em uma locadora de veículos foram alugados 137 carros e 246 micro-ônibus no mês passado. Neste mês foram alugados, no total, 406 veículos.

Pergunta ▶ _____

_____

Resposta ▶ _____

_____

Problema de multiplicação e adição

- Na loja de artigos esportivos foram recebidas 37 caixas com 6 bolas em cada uma e uma caixa com 365 bolas de pingue-pongue.

Pergunta ▶ _____

_____

Resposta ▶ _____

_____

Problema de multiplicação e subtração

- Nas festas juninas foram preparados 575 barbantes com 8 balões amarrados em cada um e 1.384 bandeirinhas.

Pergunta ▶ _____

_____

Resposta ▶ _____

_____

8 Observe os dados, elabore um problema e resolva-o.

Invente e escreva problemas dos tipos indicados usando os dados de preços do desenho e os dados da tabela. Em seguida, resolva-os.

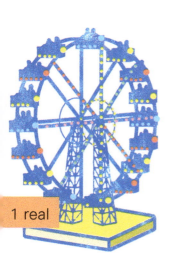

1 real
2 reais
3 reais
4 reais

Atração	Visitantes pela manhã	Visitantes à tarde
Montanha-russa	3.745	3.572
Roda-gigante	4.823	2.911
Casa do terror	4.823	4.551
Foguete galáctico	2.081	6.577

1. Problema de adição e subtração

_____

_____

_____ Resposta ▶ _____

2. Problema de adição e multiplicação

_____

_____

_____ Resposta ▶ _____

3. Problema de multiplicação e subtração

_____

_____

_____ Resposta ▶ _____

A tabuada de divisão

1 ÷ 1 = 1	2 ÷ 2 = 1	3 ÷ 3 = 1	4 ÷ 4 = 1
2 ÷ 1 = 2	4 ÷ 2 = 2	6 ÷ 3 = 2	8 ÷ 4 = 2
3 ÷ 1 = 3	6 ÷ 2 = 3	9 ÷ 3 = 3	12 ÷ 4 = 3
4 ÷ 1 = 4	8 ÷ 2 = 4	12 ÷ 3 = 4	16 ÷ 4 = 4
5 ÷ 1 = 5	10 ÷ 2 = 5	15 ÷ 3 = 5	20 ÷ 4 = 5
6 ÷ 1 = 6	12 ÷ 2 = 6	18 ÷ 3 = 6	24 ÷ 4 = 6
7 ÷ 1 = 7	14 ÷ 2 = 7	21 ÷ 3 = 7	28 ÷ 4 = 7
8 ÷ 1 = 8	16 ÷ 2 = 8	24 ÷ 3 = 8	32 ÷ 4 = 8
9 ÷ 1 = 9	18 ÷ 2 = 9	27 ÷ 3 = 9	36 ÷ 4 = 9
10 ÷ 1 = 10	20 ÷ 2 = 10	30 ÷ 3 = 10	40 ÷ 4 = 10

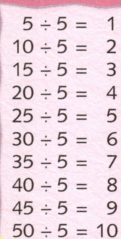

5 ÷ 5 = 1	6 ÷ 6 = 1	7 ÷ 7 = 1
10 ÷ 5 = 2	12 ÷ 6 = 2	14 ÷ 7 = 2
15 ÷ 5 = 3	18 ÷ 6 = 3	21 ÷ 7 = 3
20 ÷ 5 = 4	24 ÷ 6 = 4	28 ÷ 7 = 4
25 ÷ 5 = 5	30 ÷ 6 = 5	35 ÷ 7 = 5
30 ÷ 5 = 6	36 ÷ 6 = 6	42 ÷ 7 = 6
35 ÷ 5 = 7	42 ÷ 6 = 7	49 ÷ 7 = 7
40 ÷ 5 = 8	48 ÷ 6 = 8	56 ÷ 7 = 8
45 ÷ 5 = 9	54 ÷ 6 = 9	63 ÷ 7 = 9
50 ÷ 5 = 10	60 ÷ 6 = 10	70 ÷ 7 = 10

8 ÷ 8 = 1	9 ÷ 9 = 1
16 ÷ 8 = 2	18 ÷ 9 = 2
24 ÷ 8 = 3	27 ÷ 9 = 3
32 ÷ 8 = 4	36 ÷ 9 = 4
40 ÷ 8 = 5	45 ÷ 9 = 5
48 ÷ 8 = 6	54 ÷ 9 = 6
56 ÷ 8 = 7	63 ÷ 9 = 7
64 ÷ 8 = 8	72 ÷ 9 = 8
72 ÷ 8 = 9	81 ÷ 9 = 9
80 ÷ 8 = 10	90 ÷ 9 = 10

Operações de divisão

1 Observe e complete a frase.

Algoritmo da divisão

```
2 5 7 | 4
- 2 4   64
    1 7
  - 1 6
      1
```

Primeiro multiplique	Depois adicione	Finalmente comprove
6 4 × 4 ‾‾‾‾‾ 2 5 6	2 5 6 + 1 ‾‾‾‾‾ 2 5 7	257 ▶ Dividendo

- _____ × _____ + _____ = _____

- O resto é menor do que o _____

2 Observe e complete a tabuada.

Operação	Verificação da operação	

3 2 7 | 6
  2 7   54
     3
  (3 < 6)
	5 4
	× 6
	‾‾‾‾‾
	3 2 4
		3 2 4
		+ 3
		‾‾‾‾‾
		3 2 7 ➡ Dividendo.

8 6 9 | 7		
5 3 9 | 5		
4 0 7 | 9		

55

3 Calcule cada dividendo.

```
┌────────┐ │ 6
│        │ ├────
└────────┘ │ 4 1

Resto: 7
```

→

| $\begin{array}{r} 4\ 1 \\ \times\quad 6 \\ \hline 2\ 4\ 6 \end{array}$ | $\begin{array}{r} 2\ 4\ 6 \\ +\quad 7 \\ \hline 2\ 5\ 3 \end{array}$ | O dividendo é $\boxed{2\ 5\ 3}$ |

```
┌────────┐ │ 3
│        │ ├────
└────────┘ │ 1 1 5

Resto: 1
```

→

| | | O dividendo é $\boxed{}$ |

```
┌────────┐ │ 4
│        │ ├────
└────────┘ │ 8 2

Resto: 0
```

→

| | | O dividendo é $\boxed{}$ |

4 Escreva uma multiplicação e duas divisões com os números de cada placa.

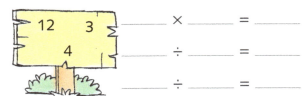

12   3
   4

_____ × _____ = _____

_____ ÷ _____ = _____

_____ ÷ _____ = _____

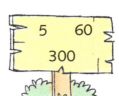

5   60
  300

_____ × _____ = _____

_____ ÷ _____ = _____

_____ ÷ _____ = _____

Cálculo mental

Metade, terço e quarto

Calcule.

A metade de cada número	▶ 10, 12, 14, 16, 18, 20, 22, 24
Um terço de cada número	▶ 9, 12, 15, 18, 21, 24, 27, 30
Um quarto de cada número	▶ 12, 16, 20, 24, 28, 32, 36, 40

5 Calcule o resultado das seguintes divisões.

(A) ▶ 9 8 4 | 8	(A) ▶ 6 4 5 | 5
(V) ▶ 5 9 1 | 4	(R) ▶ 7 5 6 | 6
(L) ▶ 3 6 5 | 2	(N) ▶ 8 8 9 | 7
(C) ▶ 9 1 5 | 8	(A) ▶ 4 8 6 | 3

• Agora, ordene os quocientes do menor para o maior e escreva as letras correspondentes. Assim você poderá descobrir a palavra que o menino está falando.

114 _____ _____ _____ _____ _____ _____ _____ _____
▼ ▼ ▼ ▼ ▼ ▼ ▼ ▼
C _____ _____ _____ _____ _____ _____ _____

Investigue

Operações inversas

$8 \times 2 = 16$ ▶ $16 \div 2 = 8$ e $16 \div 8 = 2$

$4 \times 2 = 8$ ▶ $8 \div 4 = 2$		$5 \times 3 = 15$ ▶ $15 \div 3 =$ _____
$5 \times 2 = 10$ ▶ $10 \div 5 =$ _____		$6 \times 3 = 18$ ▶ $18 \div 6 =$ _____
$6 \times 2 = 12$ ▶ $12 \div 6 =$ _____		$8 \times 3 = 24$ ▶ $24 \div 3 =$ _____
$7 \times 2 = 14$ ▶ $14 \div 7 =$ _____		$9 \times 3 = 27$ ▶ $27 \div 3 =$ _____

6 Observe e ligue.

9 3 6	6

9 5 8	7

4 3 2	3

7 8 2	4

quociente: 195
resto: 2

quociente:156
resto: 0

quociente: 136
resto: 6

quociente:144
resto: 0

7 Complete.

Dividendo	Divisor	Quociente	Resto	Divisor × quociente + resto = dividendo
45	6	7	3	6 × 7 + 3 = 45
	8	4	5	8 × ___ + ___ = ___
	9	2	8	___ ○ ___ ○ ___ = ___
	7	6	1	___ ○ ___ ○ ___ = ___

8 Observe a figura de Jonas com duas cartelas e responda sem fazer nenhuma divisão.

Jonas

- Jonas dividiu 457 pelo número de uma das cartelas e obteve como quociente um número de 3 algarismos.

  Qual foi o divisor?

  _____

- Depois, Jonas dividiu 352 pelo número de uma das cartelas e obteve como quociente um número de 2 algarismos.

  Qual foi o divisor?

  _____

9 Calcule.

1 0 5	7
1 2 9	8
1 5 7	9
1 0 8	6
1 5 5	8
1 0 4	5

2 3 4	3
3 1 8	4
2 4 2	3
4 8 6	6
4 1 3	5
5 8 4	7

3 7 3	5
1 5 0	2
3 8 0	5
3 0 9	4
5 4 8	7
2 3 8	3

• Observe os quocientes das divisões de cada escada e escreva o que ocorre.

10 Sem resolver, indique quantos algarismos tem o quociente de cada divisão a seguir.

• 745 ÷ 6   • 567 ÷ 8   • 698 ÷ 8   • 343 ÷ 3
• 918 ÷ 3   • 203 ÷ 4   • 396 ÷ 3   • 208 ÷ 2

• Comprove suas respostas calculando o quociente de cada divisão com a calculadora.

11 Escreva cada divisão e resolva.

Dividendo	Divisores				Dividendo	Divisores			
600	8	3	5	4	70	2	7	6	5

6 0 0 ⌊8____	6 0 0 ⌊3____		
6 0 0 ⌊____			

12 Em cada divisão escolha o divisor correto para que se cumpra a condição indicada.

O quociente começa por um número par.

3 4 8 ⌊____

O quociente começa por um número ímpar.

5 7 6 ⌊____

A divisão é exata.

9 0 5 ⌊____

O quociente tem apenas dois algarismos.

8 2 8 ⌊____

13 Calcule as divisões e pinte o caminho que cada rã segue.

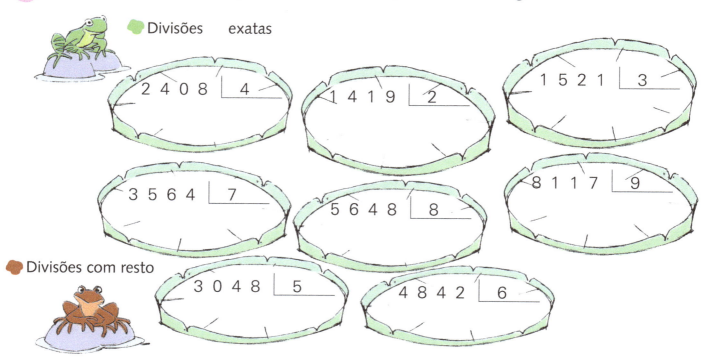

● Divisões exatas

2 4 0 8 | 4

1 4 1 9 | 2

1 5 2 1 | 3

3 5 6 4 | 7

5 6 4 8 | 8

8 1 1 7 | 9

● Divisões com resto

3 0 4 8 | 5

4 8 4 2 | 6

14 Leia, calcule e identifique a casa em que mora cada criança.

O número da casa em que cada um mora coincide com o resto da divisão que está no cartaz que cada um segura.

Rafael

1 4 6 5 | 7

Ana

1 5 3 4 | 5

6 4 3 1 | 8

André

Cálculo mental

Dividir um número por 10, 100 ou 1.000

$42\emptyset \div 1\emptyset = 42$ $15.3\emptyset\emptyset \div 1\emptyset\emptyset = 153$ $47.\emptyset\emptyset\emptyset \div 1.\emptyset\emptyset\emptyset = 47$

90 ÷ 10	800 ÷ 100	9.000 ÷ 1.000
350 ÷ 10	1.300 ÷ 100	15.000 ÷ 1.000
460 ÷ 10	5.700 ÷ 100	23.000 ÷ 1.000
3.720 ÷ 10	69.800 ÷ 100	47.000 ÷ 1.000

15 Calcule e pinte as flores conforme a legenda.

- 🟠 Divisão que tem resto 1
- 🟡 Divisão que tem resto 3
- 🟢 Divisão que tem resto 2
- 🔴 Divisão que tem resto 4

92 ÷ 3

81 ÷ 4

423 ÷ 7

3.364 ÷ 8

625 ÷ 6

1.522 ÷ 5

16 Calcule.

1801 ÷ 3

8012 ÷ 4

6027 ÷ 6

36092 ÷ 9

Preste bastante atenção porque todas as divisões têm mais de um zero no quociente.

Cálculo mental

Quando o dividendo é múltiplo de 10

180	6
00	30

▶ 180 ÷ 6 = 30

18 ÷ 6 = 3

3200	8
000	400

▶ 3200 ÷ 8 = 400

32 ÷ 8 = 4

80 ÷ 2 = _____

350 ÷ 5 = _____

600 ÷ 2 = _____

2400 ÷ 4 = _____

150 ÷ 3 = _____

420 ÷ 7 = _____

3600 ÷ 6 = _____

4500 ÷ 9 = _____

17 Calcule.

| 89.656 ÷ 8 | 95.638 ÷ 7 | 63.387 ÷ 9 |

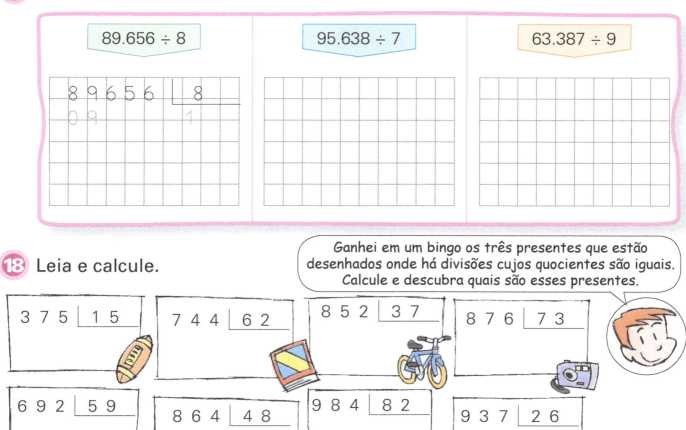

18 Leia e calcule.

Ganhei em um bingo os três presentes que estão desenhados onde há divisões cujos quocientes são iguais. Calcule e descubra quais são esses presentes.

3 7 5 | 1 5

7 4 4 | 6 2

8 5 2 | 3 7

8 7 6 | 7 3

6 9 2 | 5 9

8 6 4 | 4 8

9 8 4 | 8 2

9 3 7 | 2 6

Eduardo ganhou _____

19 Adicione os quocientes das divisões com resto e você ficará sabendo que presente Gabriela ganhou. Circule-o.

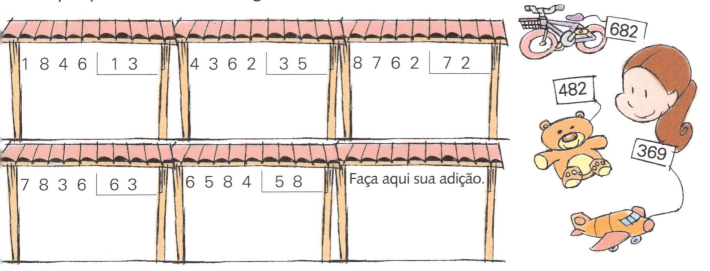

1 8 4 6 | 1 3

4 3 6 2 | 3 5

8 7 6 2 | 7 2

7 8 3 6 | 6 3

6 5 8 4 | 5 8

Faça aqui sua adição.

682

482

369

20 Resolva as operações. Depois procure no quadro abaixo o nome do número de cada resultado.

5 × 4 = _____ ➡ _____vinte_____

140 ÷ 2 = _____ ➡ _____

60 ÷ 5 = _____ ➡ _____

180 ÷ 3 = _____ ➡ _____

10 × 4 = _____ ➡ _____

100 × 10 = _____ ➡ _____

90 ÷ 3 = _____ ➡ _____

40 × 2 = _____ ➡ _____

30 × 3 = _____ ➡ _____

100 ÷ 2 = _____ ➡ _____

1.000 ÷ 100 = _____ ➡ _____

```
A  P  O  E  V  I  N  T  E  N  O  C  T  E  S
M  S  E  T  E  N  T  A  S  G  T  O  R  M  A
D  M  A  R  Q  U  A  R  E  N  T  A  P  I  S
B  O  S  I  S  E  S  S  E  N  T  A  K  L  A
T  A  Z  O  T  R  I  N  T  A  E  R  A  M  A
O  M  A  E  C  O  O  I  T  E  N  T  A  S  I
T (D  E  Z) R  E  C  I  N  Q  U  E  N  T  A
Ó  Q  U  O  E  A  N  O  V  E  N  T  A  Z  D
```

• Agora entre as letras que sobraram, procure o nome do cachorro de Carlos. _____

21 Cada figura representa um número natural diferente de 0. Complete com a figura correspondente.

▯ × ⌀ = ▯   ▯ ÷ ▯ = _____   ▯ ÷ ⌀ = _____

⏱ × ↘ = ◆   ◆ ÷ ⏱ = _____   ◆ ÷ ↘ = _____

22 Procure os termos desconhecidos de cada operação.

_____ × 10 = 60   18 × _____ = 0   91 × _____ = 91

_____ ÷ 1 = 7   25 ÷ _____ = 25   _____ ÷ 4 = 0

64

23 Calcule as seguintes divisões.

1 4 5 2 ⌐1 7	2 6 7 8 ⌐3 2	3 2 6 8 ⌐4 3	4 2 2 3 ⌐5 6
5 7 3 4 ⌐6 1	6 3 2 4 ⌐6 8	7 5 8 6 ⌐8 7	8 1 7 0 ⌐9 5

24 Ligue os dividendos e os divisores da mesma cor e calcule as divisões.

1 0 7 4 5 ⌐3 5

Dividendos

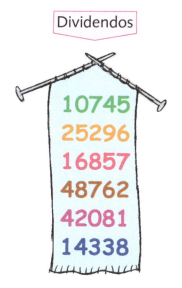

10745
25296
16857
48762
42081
14338

Divisores

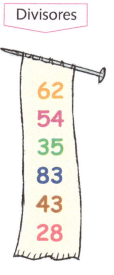

62
54
35
83
43
28

Investigue

Que divisão é?

Ângelo brinca com estas sete cartelas. As cartelas azuis são os dividendos e as cartelas amarelas são os divisores.

[120] [240] [180] [4] [2] [3] [5]

• Calcule todas as divisões possíveis.
• Procure a divisão cujo quociente é maior do que 40 e menor do que 48.

25 Calcule.

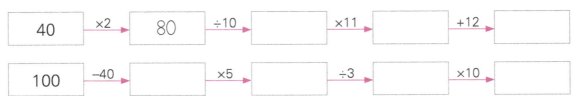

$$40 \xrightarrow{\times 2} 80 \xrightarrow{\div 10} \boxed{} \xrightarrow{\times 11} \boxed{} \xrightarrow{+12} \boxed{}$$

$$100 \xrightarrow{-40} \boxed{} \xrightarrow{\times 5} \boxed{} \xrightarrow{\div 3} \boxed{} \xrightarrow{\times 10} \boxed{}$$

26 Resolva.

41.032   ÷   46   × (3.107 − 2.957)

_____ ◯ _____ ◯ _____

_____ ◯ _____ = ▭

Operações

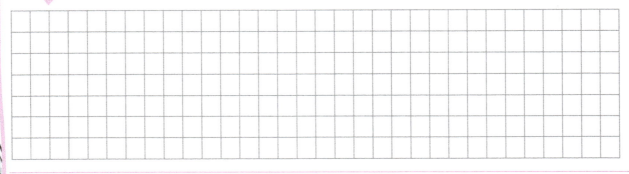

(13.627 + 29.069) ÷   72   ×   109

_____ ◯ _____ ◯ _____

_____ ◯ _____ = ▭

Operações

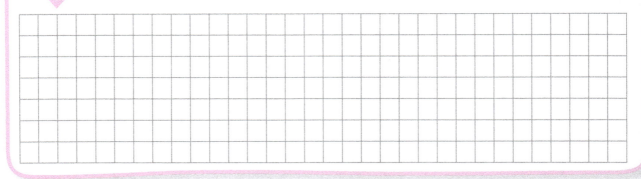

Vamos usar a calculadora?

Usar a calculadora em operações de divisão

- Verifique com a calculadora o quociente das seguintes divisões exatas.

$4.896 \div 6$	$3.725 \div 25$
$5.187 \div 7$	$7.956 \div 39$
$9.352 \div 8$	$9.324 \div 74$
$17.376 \div 48$	$36.456 \div 294$
$28.448 \div 56$	$50.402 \div 638$
$46.851 \div 97$	$76.125 \div 875$

- Calcule as seguintes divisões com a calculadora e relacione.

$287 \div 5$		$3.824 \div 8$
$406 \div 7$	Divisão exata	$5.746 \div 9$
$672 \div 34$		$7.128 \div 27$
$915 \div 75$	Divisão não exata	$8.304 \div 64$

- Primeiro calcule o quociente de cada divisão. Depois, comprove os resultados com a calculadora.

$3.700 \div 10$	$4.850 \div 50$	$29.300 \div 100$	$36.000 \div 600$
$8.460 \div 20$	$6.300 \div 70$	$56.100 \div 300$	$48.300 \div 700$
$9.510 \div 30$	$8.000 \div 80$	$78.000 \div 400$	$81.000 \div 900$

- Verifique com a calculadora o fator desconhecido de cada multiplicação.

$59 \times \square = 4.779$	$392 \times \square = 9.408$	$209 \times \square = 78.584$
$67 \times \square = 8.509$	$487 \times \square = 6.818$	$354 \times \square = 99.474$

Problemas de divisão

 Resolva.

- Em um ginásio há 7 equipes com número igual de crianças. No total há 126 crianças. Quantas crianças há em cada equipe?

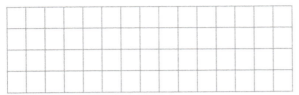

Resposta ▶ _____

_____

- Alfredo comprou 105 bolas de tênis em potes. Em cada pote há 3 bolas. Quantos potes comprou?

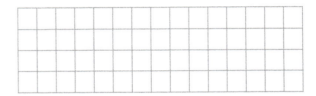

Resposta ▶ _____

_____

- Em um pomar há um total de 111 laranjeiras em 3 filas. Em cada fila há um número igual de laranjeiras. Quantas laranjeiras há em cada fila?

Resposta ▶ _____

_____

2 Leia e resolva.

- Paulo fez 245 ramalhetes de rosas em 7 dias. Quantos ramalhetes fez a cada dia?

Resposta ▶ _____

_____

3 Observe os preços e responda.

- Qual é o preço de um filme fotográfico?

_____

- Qual é o preço de um porta-retrato?

_____

- Qual é o preço de um quadro?

_____

- Qual é o preço de um álbum?

_____

2 por R$ 22,00

3 por R$ 45,00

4 por R$ 168,00

2 por R$ 64,00

4 Resolva.

- Em uma pequena cidade, uma equipe de oftalmologistas quer examinar a visão de 483 crianças em 21 dias. Quantas consultas serão feitas a cada dia?

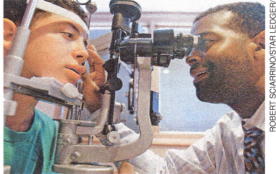

ROBERT SCIARRINO/STAR LEDGER/ CORBIS-LATINSTOCK

Resposta ▶ _____

_____

5 Resolva os problemas por meio de uma estimativa.

• Manoel comprou em uma promoção 5 CDs por R$ 189,90.
Deu um de presente para André em seu aniversário.
Quanto ele pagou, aproximadamente, pelo presente de
André?

Estimativa ▶

Resposta ▶ _____

• Marta comprou 8 fitas de vídeo virgens por R$ 46,90.
Deu três de presente para Sandra. Quanto ela gastou,
aproximadamente com o presente de Sandra?

Estimativa ▶

Resposta ▶ _____

• Roberto deve comprar 5 presentes de aniversário este mês. Ele
dispõe de R$ 328,00. Ele pretende que os presentes tenham
um valor parecido, quanto ele pode gastar em cada presente?

Estimativa ▶

Resposta ▶ _____

Cálculo mental

Dividendo e divisor que "terminam" com dois zeros

Exemplo
1.200 ÷ 200

1.2̶0̶0̶ ÷ 2̶0̶0̶

12 ÷ 2 = 6

1.200 ÷ 200 = 60

2.100 ÷ 300 ▶ _____	2.400 ÷ 400 ▶ _____
4.500 ÷ 500 ▶ _____	4.200 ÷ 600 ▶ _____
1.800 ÷ 600 ▶ _____	2.800 ÷ 700 ▶ _____
7.200 ÷ 900 ▶ _____	8.100 ÷ 900 ▶ _____

6 Leia e responda.

- André comprou 1.500 lajotas e pagou R$ 500,00. Quanto custou cada lajota?

- Cíntia comprou 1.600 salgadinhos para uma grande festa e pagou R$ 800,00. Quanto custou um salgadinho?

- Orlando cavou 2.700 covas para plantar mandioca. Ele fez 300 filas. Quantas covas há em cada fila?

- Vigínia percorreu de bicicleta 5.600 metros. A cada 700 m ela parou para tomar água ou descansar. Quantas paradas Virgínia fez?

7 Observe o anúncio e responda à pergunta.

TV 29 polegadas
Tela plana
Em 8x sem juros!
Parcelas iguais

R$ 1.480,00

Lojas Compra Certa
Sempre uma perto de você!

- Qual é o valor de cada prestação? _____

Cálculo mental

Dividendo que "termina" com dois zeros e divisor que "termina" com 1 zero

Exemplo
1.200 ÷ 20

$1.200 \div 20$

$12 \div 2 = 6$

$120 \div 2 =$
$1.200 \div 20 = 60$

2.100 ÷ 30 ▶ _____   2.400 ÷ 40 ▶ _____
4.500 ÷ 50 ▶ _____   4.200 ÷ 60 ▶ _____
1.800 ÷ 60 ▶ _____   2.800 ÷ 70 ▶ _____
7.200 ÷ 90 ▶ _____   8.100 ÷ 90 ▶ _____

8 Resolva os problemas por meio de uma estimativa.

● Para a festa de aniversário de Ana, mamãe comprou três bolos. Os bolos custaram, no total, R$ 96,00. Qual é o valor aproximado de cada um?

Estimativa ▼

Resposta ▶ _____

● Seu pai lhe deu de presente uma bicicleta que custou R$ 480,00. O pai de Ana vai pagar a bicicleta em 6 parcelas iguais. Qual é o valor de cada parcela?

Estimativa ▼

Resposta ▶ _____

9 Resolva esse desafio.

● Juliana repartiu um desses sacos de balas entre um grupo de mais de 5 crianças e menos de 10. Cada uma recebeu 8 balas e sobraram 6 balas. Juliana comprovou que, se tivesse balas a mais, cada criança receberia 9 balas e não sobraria nenhuma. Qual saco de balas Juliana repartiu? Entre quantas crianças ela repartiu?

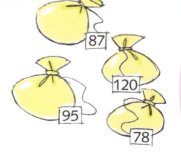

Resposta ▶ _____

10 Leia e complete o dado que falta no balão de fala em cada diálogo.

Pensei em dois números e calculei o quociente entre os dois. O primeiro número em que pensei foi 189 e o segundo, 9. Qual foi o quociente?

Já sei! O quociente foi _____.

Pensei em dois números e calculei o quociente entre os dois. O primeiro número em que pensei foi 252 e o quociente foi 36. Qual foi o segundo número em que pensei?

Já sei! O segundo número foi _____.

Pensei em dois números e calculei o quociente entre os dois. O segundo número pensado foi 6 e o quociente foi 282. Qual foi o primeiro número pensado?

Já sei! O primeiro número pensado foi _____.

11 Leia e resolva.

Muita atenção ao resolver estes problemas!

• Pretendo guardar todos os meus 215 livros em caixas com no máximo 17 livros em cada uma. De quantas caixas precisarei?

Resposta ▶ _____

_____

• Uma escola pretende fazer uma excursão com seus 279 alunos. Quantos micro-ônibus deverá alugar se cada um tem capacidade para 26 alunos?

Resposta ▶ _____

• Há 249 pessoas de uma empresa para participar de um seminário no último andar do prédio. Todos irão de elevador. O elevador tem capacidade máxima para 18 pessoas. Quantas viagens serão necessárias para que o elevador leve todos ao último andar?

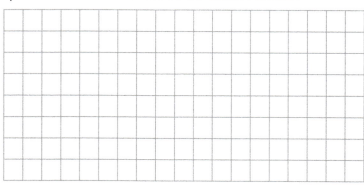

Resposta ▶ _____

12 Resolva.

- Um restaurante foi contratado para um grande evento. Os produtores do evento escolheram, como prato principal, uma receita que necessita de 16 camarões. Quantas receitas o restaurante poderá preparar com 112 camarões?

Resposta ▶ _____

_____

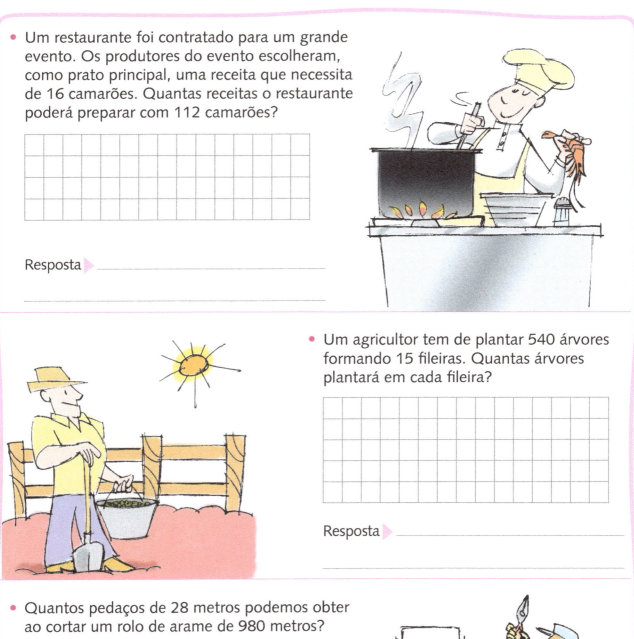

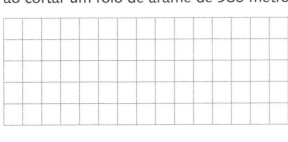

- Um agricultor tem de plantar 540 árvores formando 15 fileiras. Quantas árvores plantará em cada fileira?

Resposta ▶ _____

- Quantos pedaços de 28 metros podemos obter ao cortar um rolo de arame de 980 metros?

Resposta ▶ _____

75

13 Compare as resoluções e responda.

Paulo

```
1.8 6 5 | 9
 -1 8     27
   0 6 5
   - 6 3
       2
```

Marina

```
1.8 6 5 | 9
 -1 8     207
   0 6 5
   - 6 3
       2
```

- Quem fez os cálculos corretamente? _____

14 Resolva.

- Uma prefeitura vai repartir em partes iguais 28.992 livros entre 32 bibliotecas. Quantos livros cada biblioteca receberá?

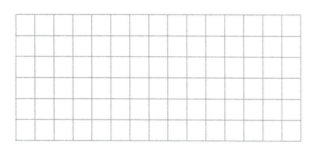

Resposta ▶ _____

- Na final do campeonato de futebol irão 2.756 torcedores de um dos times. Eles vão alugar ônibus com 53 lugares cada. Quantos ônibus serão necessários?

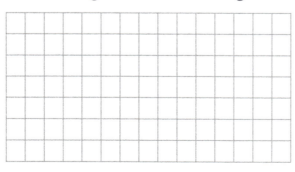

Resposta ▶ _____

15 Observe a tabela e resolva.

Filmes projetados em quatro salas no último ano

	Sala A	Sala B	Sala C	Sala D
Ação	15	24	16	17
Época	8	7	6	5
Românticos	12	4	14	7
Terror	6	10	3	4
Animação	3	5	2	6
Comédia	8	2	11	13

- Quantos filmes de ação a mais do que românticos foram projetados este ano entre todas as salas?

Resposta ▶ _____

- Para ver os filmes de animação, foram ao cinema 38.512 pessoas. Cada filme foi visto pelo mesmo número de pessoas. Quantos espectadores viram cada filme?

Resposta ▶ _____

- Houve 69 projeções de filmes de terror. Quantas vezes foi projetado cada filme, se todos foram projetados o mesmo número de vezes?

Resposta ▶ _____

- Quantos filmes de época a menos que de comédia foram projetados?

Resposta ▶ _____

77

16 Resolva.

- Lúcio é dono de um grande restaurante. Ele serviu 21.250 refeições durante um período de 25 dias. Sabendo que a cada dia foi servida a mesma quantidade de refeições, quantas refeições foram servidas diariamente?

Resposta ▶ _____

- Antônio comprou, para sua loja, 19.200 metros de tecidos. Os tecidos são colocados em peças de 16 metros cada uma. Quantas peças Antônio comprou?

Resposta ▶ _____

- Em um parque foram plantadas 22.750 rosas. Sabendo que elas foram plantadas em 35 canteiros iguais, quantas rosas foram plantadas em cada canteiro?

Resposta ▶ _____

- Os funcionários de uma loja precisam embalar 52.500 uniformes em caixas com 15 uniformes cada uma. De quantas caixas precisarão?

Resposta ▶ _____

17 Leia, circule as operações necessárias à resolução de cada problema e resolva-o.

- Esta manhã Luna tinha em sua padaria uma cesta com 125 baguetes, uma com 234 e outra com 98. No final do dia tinha 65 baguetes. Quantas baguetes foram vendidas?

Adição   Subtração   Multiplicação   Divisão

Resposta ▸ _____

- Ontem Luna vendeu 25 sacos de rosquinha a R$ 3,00 cada um e 25 sacos de amanteigados a R$ 5,00 cada um. Que quantia ela arrecadou com essas vendas?

Adição   Subtração   Multiplicação   Divisão

Resposta ▸ _____

- Um dia Luna fez 545 baguetes e 67 minibaguetes a menos do que baguetes. Cada minibaguete foi vendida por R$ 0,50. Quanto ela arrecadou com a venda das minibaguetes?

Adição   Subtração   Multiplicação   Divisão

Resposta ▸ _____

- Luna colocou no carro dela uma cesta com 189 pães e outra com 275. O total foi distribuído em partes iguais entre 4 orfanatos. Quantos pães ela deixou em cada orfanato?

Adição   Subtração   Multiplicação   Divisão

Resposta ▸ _____

- Hoje Luna fez 120 quilogramas de bolos. Ela vendeu 18 quilogramas e o restante colocou em embalagens de 2 kg cada uma. Quantas embalagens pôde fazer?

Adição   Subtração   Multiplicação   Divisão

Resposta ▸ _____

- Amanhã Luna planeja fazer 12 bandejas de sequilhos com 75 em cada uma e 15 bandejas de suspiros com 42 em cada uma. Quantos sequilhos e suspiros, no total, ela planeja fazer?

Adição   Subtração   Multiplicação   Divisão

Resposta ▸ _____

18 Observe o gráfico e resolva.

Quantidade de petróleo extraído de cinco poços em 1 semana

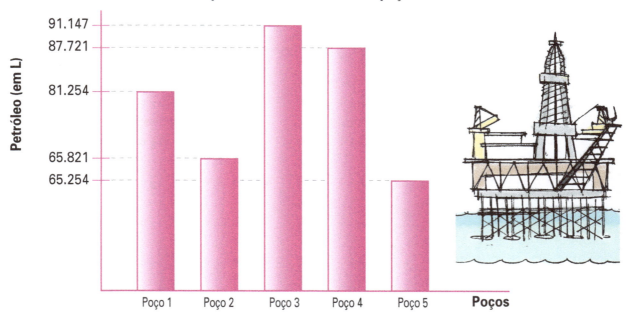

● Que quantidade de petróleo produzirão os cinco poços em 3 semanas, se em cada semana produzem o mesmo número de litros?

Resposta ▶ _____

_____

● Quantos barris são necessários para envasar o petróleo que é extraído dos poços 4 e 5 semanalmente, se cada barril tem capacidade de 25 litros?

Resposta ▶ _____

_____

● Qual é a diferença diária, em litros, entre o poço de maior e o de menor produção?

Resposta ▶ _____

_____

● Qual deveria ser a produção de um sexto poço a ser aberto para que sua produção diária fosse o triplo do que é produzido pelo poço 2?

Resposta ▶ _____

_____

19 **Leia e resolva.**

Primeiro, pense em como você vai resolver cada problema e quais dados serão necessários. Depois, verifique o dado que está sobrando e resolva.

- Júlio recebeu hoje, em sua livraria, 4 enciclopédias de 25 volumes cada uma, 3 dicionários de 15 volumes cada um e 125 caixas de lápis de cor. Quantos livros ele recebeu no total?

Dado que sobra ▶ _____

Resposta ▶ _____

- Na semana passada, Júlio recebeu 12 caixas com 25 atlas em cada uma e 250 livros infantis. Teve de devolver 18 atlas porque estavam com defeito. Com quantos atlas Júlio ficou?

Dado que sobra ▶ _____

Resposta ▶ _____

- Júlio fez um pedido de 345 cadernos grandes, 135 cadernos médios, 95 cadernos pequenos e 1.250 etiquetas. Os cadernos foram recebidos em caixas com 25 cadernos em cada uma. Quantas caixas Júlio recebeu?

Dado que sobra ▶ _____

Resposta ▶ _____

- Cristina comprou para a biblioteca da escola uma enciclopédia de 15 volumes por 470 reais, um dicionário por 195 e uma coleção de livros infantis por 127 reais. Ela vai pagar sua compra em 18 prestações iguais. Qual o valor de cada prestação?

Dado que sobra ▶ _____

Resposta ▶ _____

- Júlio pediu 1.355 cartolinas vermelhas e 275 cartolinas verdes a menos do que vermelhas. Ele recebeu as cartolinas verdes em embalagens com 15 cartolinas cada uma e as vermelhas em embalagens com 12 cartolinas. Quantas embalagens de cartolinas verdes ele recebeu?

Dado que sobra ▶ _____

Resposta ▶ _____

 **20 Resolva.**

Em cada um dos problemas abaixo está faltando uma pergunta. Observe o desenho, circule a pergunta que pode ser respondida com os dados do problema e resolva-o.

231 porcos

114 vacas

84 cavalos

415 ovelhas

564 galinhas

- Roberto colocou 155 ovelhas em um cercado grande e o restante, em outros 4 cercados pequenos com o mesmo número de ovelhas em cada um.

  Perguntas

  a) Quantas ovelhas ficaram no cercado?
  b) Quantas ovelhas havia em cada cercado pequeno?
  c) Quantas ovelhas viajaram em cada caminhão?

  Resposta ▶ _____

- Cada porco era vendido por R$ 905,00. Não foram vendidos 64 porcos.

  Perguntas

  a) Qual é a diferença de preço entre um porco e uma vaca?
  b) Quanto foi cobrado pela venda dos porcos?
  c) Quantos porcos cada fazendeiro comprou?

  Resposta ▶ _____

- A metade dos cavalos viajou em reboques de 2 lugares e o restante em reboques de 3 lugares.

  Perguntas

  a) Quantos cavalos não viajaram para a exposição?
  b) Quanto foi pago pelos reboques?
  c) Quantos reboques foram necessários para o transporte dos cavalos?

  Resposta ▶ _____

21 Complete as lacunas e resolva os problemas.

Escreva em cada caso uma pergunta para que você tenha um problema do tipo indicado. Depois, complete os dados e resolva.

Problema de adição e subtração

• Daniel e Roberta têm, em sua fazenda, _____ patos, _____ coelhos e _____ vacas. Hoje foi vendido um total de _____ animais.

Pergunta ▶ Quantos animais _____
_____

Problema de multiplicação e adição

• Daniel comprou _____ sacos de feno de _____ quilos cada um e Roberta comprou outro saco de _____ quilos.

Pergunta ▶ _____
_____

Problema de multiplicação e subtração

• Daniel e Roberta tinham _____ gaiolas com _____ coelhos em cada uma. Ontem foram vendidos _____ coelhos.

Pergunta ▶ _____
_____

Problema de adição e subtração

• Daniel e Roberta tinham armazenados _____ quilos de trigo e _____ quilos de cevada. Hoje foram recebidos _____ quilos de trigo e _____ quilos de cevada.

Pergunta ▶ _____
_____

Problema de multiplicação e subtração

• Em uma semana, Daniel e Roberta gastaram _____ sacos de trigo de _____ quilos cada um e _____ sacos de cevada de _____ quilos cada um.

Pergunta ▶ _____
_____

Problema de adição e divisão

• Daniel e Roberta tinham _____ coelhos e compraram mais _____ coelhos. Depois, dividiram igualmente os coelhos em _____ gaiolas.

Pergunta ▶ _____
_____

Leia, escreva os passos que você irá realizar e resolva.

- Em uma festa com 84 convidados foram feitas 36 tortas redondas para repartir em partes iguais entre os convidados. Cada torta foi cortada em 7 pedaços iguais. Quantos pedaços de torta correspondem a cada convidado?

(Plano passo a passo)   (Operação)

Em primeiro lugar calculo ▶ _____

Depois calculo ▶ _____

Resposta ▶ _____

_____

- Uma máquina tem uma roda que dá 35 voltas em 1 minuto de funcionamento. Quantas voltas dará a roda em uma semana, se essa máquina funciona 8 horas por dia?

(Plano passo a passo)   (Operação)

Em primeiro lugar calculo ▶ _____

Depois calculo ▶ _____

Resposta ▶ _____

_____

- João vai de sua casa até a escola de bicicleta. A cada volta completa que a roda dianteira de sua bicicleta dá, avança 2 metros. De sua casa até um parque a roda dá 180 voltas e do parque até a escola 340 voltas. Qual é a distância da casa de João até a escola?

(Plano passo a passo)   (Operação)

Em primeiro lugar calculo ▶ _____

Depois calculo ▶ _____

Resposta ▶ _____

_____

23 Escreva um problema de cada tipo. Utilize os dados dos desenhos e resolva-os.

VAGÃO 3
ASSENTO 20
R$ 36,00

Problema de multiplicação

Problema ▶ _____

_____

_____

Resposta ▶ _____

Problema de multiplicação e subtração

Problema ▶ _____

_____

_____

Resposta ▶ _____

ENTRADA
DE
CINEMA
R$ 15,00

100 $ CEM REAIS

R$ 193,00

RECARGA
R$ 50,00

Problema de multiplicação e adição

Problema ▶ _____

_____

_____

Resposta ▶ _____

Problema de divisão

Problema ▶ _____

_____

_____

Resposta ▶ _____

HOTEL
Apartamento
4 dias

R$ 356,00

24 Leia o texto, busque os dados necessários e resolva os problemas.

O sucesso da Feira do Livro

HEUDES REGIS/EDITORA ABRIL

Este ano foi celebrada a Feira do Livro de Bela Cidade. Foi um sucesso, já que foram vendidos 238.564 livros, dos quais a quarta parte era de infantis e juvenis. A escritora Marisa L. conseguiu vender 3.840 exemplares de seu romance *Sussurro do mar*, o qual vendeu o dobro de livros do que seu romance anterior, *Nuvens de açúcar*. Havia 6 contadores de histórias em diferentes espaços da feira e, no total, puderam-se ouvir 90 histórias. Os 50 primeiros visitantes foram contemplados com um lote de 12 livros cada um.

- Quantos livros infantis e juvenis foram vendidos nessa edição da feira?

Resposta ▶ _____

- Quantos exemplares de *Nuvens de açúcar* Marisa L. vendeu?

Resposta ▶ ._____

- Todos os contadores de histórias contaram o mesmo número de histórias. Quantas histórias foram contadas por eles?

Resposta ▶ _____

- Quantos livros, no total, foram presenteados aos 50 primeiros visitantes da feira?

Resposta ▶ _____

25 Leia cada problema, busque os dados no desenho, circule as operações necessárias à resolução e resolva.

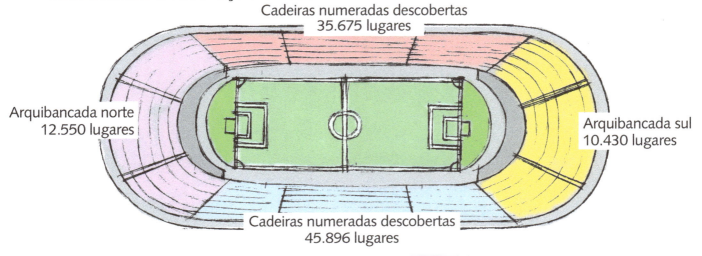

Cadeiras numeradas descobertas
35.675 lugares

Arquibancada norte
12.550 lugares

Arquibancada sul
10.430 lugares

Cadeiras numeradas descobertas
45.896 lugares

• No estádio, quantos lugares de arquibancadas há a mais do que de cadeiras numeradas?

Adição   Subtração   Multiplicação   Divisão

Resposta ▶ _____

_____

• Um dia foram ocupados dois terços dos lugares de arquibancada. Quantos lugares de arquibancada foram ocupados?

Adição   Subtração   Multiplicação   Divisão

Resposta ▶ _____

_____

• Na arquibancada norte há dois setores: o setor azul, com boa visibilidade, e o setor vermelho, com visibilidade prejudicada. No setor azul há 10.500 lugares. No setor vermelho há 50 fileiras. Quantas cadeiras há em cada fileira do setor vermelho?

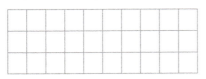

Adição   Subtração   Multiplicação   Divisão

Resposta ▶ _____

• Em uma partida estiveram presentes 90.000 espectadores. Quantos espectadores faltaram para que o estádio estivesse com todos os lugares ocupados?

Adição   Subtração   Multiplicação   Divisão

Resposta ▶ _____